Wandel der Weltgesellschaft

SOZIALWISSENSCHAFTLICHE STUDIEN
DES SCHWEIZERISCHEN INSTITUTS FÜR
AUSLANDFORSCHUNG
BAND 25 (NEUE FOLGE)

BEGRÜNDET VON
PROF. DR. DR. h.c. FRIEDRICH A. LUTZ (†)

HERAUSGEBER:
Bis Band 17: PROF. DR. DANIEL FREI (†)
Band 18 bis 22: PROF. DR. WILLY LINDER
ab Band 23: PROF. DR. DIETER RULOFF

SCHWEIZERISCHES INSTITUT FÜR AUSLANDFORSCHUNG · ZÜRICH ·

1996
VERLAG RÜEGGER

Schweizerisches
Institut für
Auslandforschung

Wandel der Weltgesellschaft

Beiträge von: Martin Meyer
Norbert Walter
R. J. Zwi Werblowsky
Heinz Riesenhuber
Gertrud Höhler
Kaspar Villiger

Verlag Rüegger

Die Verfasser

Dr. Martin Meyer
Chef «Feuilleton» der Neuen Zürcher Zeitung

Prof. Dr. Norbert Walter
Chefvolkswirt Deutsche Bank Gruppe, Frankfurt am Main

Prof. Dr. R. J. Zwi Werblowsky
Hebräische Universität, Jerusalem

Prof. Dr. Dr. h.c. mult. Heinz Riesenhuber, MdB
Bundesminister a.D., Bonn

Prof. Dr. Gertrud Höhler
Beraterin von Wirtschaft und Politik, Berlin

Bundesrat Kaspar Villiger
Vorsteher des Eidg. Finanzdepartements, Bern

ISBN 3 7253 0547 1
Druck: Condrau SA, Chur

6044-08

Inhalt

VORWORT

Nach dem Ende des Kalten Krieges befindet sich die Welt in einer Phase raschen Umbruchs. Nicht nur die weltpolitische Landschaft verändert sich. Auch im inneren der westlichen Industriestaaten einschliesslich der Schweiz sind soziale, politische und wirtschaftliche Strukturen in Bewegung geraten. Das Schweizerische Institut für Auslandforschung widmete aus diesem Grund seine Vortragsreihe im Wintersemester 1995/96 dem Generalthema «Wandel der Weltgesellschaft». Der vorliegende Band enthält die schriftliche Version dieser Vorträge.

Einleitend bringt *Martin Meyer,* Leiter der Feuilletonredaktion der Neuen Zürcher Zeitung, das Phänomen Moderne auf den Punkt. Mit Moderne ist gemeinhin jene Etappe der Neuzeit gemeint, in welcher der aufklärerische Optimismus einer umfassenden Ernüchterung weicht: Die Grenzen des technisch Machbaren werden deutlich, die Unwägbarkeiten weiteren «Fortschritts» treten in den Vordergrund. Ein Ausstieg ist dennoch weder möglich noch wünschbar. Wohin die Entwicklung in einigen wichtigen Teilbereichen geht, wird in den nachfolgenden Beiträgen dann untersucht. *Norbert Walter,* Chefökonom der Deutschen Bank (Frankfurt), fragt nach den Grenzen des Wohlfahrtsstaates. Die sozialen Sicherungssysteme der westlichen Industriegesellschaften sind kaum mehr finanzierbar. Flexibilität ist gefordert, auch ein Umdenken und ein Zurückstecken von Erwartungen. Ohne Einschnitte geht es nicht. Der prominente Jerusalemer Religionsphilosoph *R. J. Zwi Werblowski* zeigt am Beispiel Japans auf, dass Moderne nicht zwangsläufig auch Säkularisierung bedeuten muss, sondern die Menschen auf der Suche nach Sinn in neue Formen der Religiosität führt, mitunter auch Pseudoreligionen in die Arme treibt. Eine optimistische Note vermag der Beitrag des vormaligen deutschen Forschungsministers *Heinz Riesenhuber* einzubringen. Bei allem Fortschrittszweifel sollten die grossen Erfolge in Technik und Wissenschaft, etwa in der Materialforschung, in Mikroelektronik und im Gesundheitsbereich nicht gering geachtet werden. Riesenhuber plädiert für weiteres Wachstum, aber mit Mass und Intelligenz. Die bekannte Publizistin *Getrud Höhler* befasst sich schliesslich mit dem Wandel der Werte, der mit dem Wandel der Gesellschaft zwangsläufig einhergeht. Zum einen skizziert sie die neuere Geschichte des Wertewandels; zum anderen wird aber auch gezeigt, dass Kernbestände des Wertsystems wie die Kardinalstugenden abendländischer Überlieferung davon unberührt bleiben.

Abschliessend analysiert *Bundesrat Kaspar Villiger* Probleme und Chancen, Stärken Schwächen der Schweiz in einer Welt im Wandel. Politische Stabilität, soziale Sicherheit und hervorragende Infrastruktur sind das Kapital der Schweiz, das es ihr erlauben sollte, den Herausforderungen einer sich rasch wandelnden Welt mit Zuversicht zu begegnen. Unabdingbar ist dazu jedoch eine intakte wirtschaftliche und finanzielle Basis. Genau diese sieht der neue Finanzminister der Eidgenossenschaft jedoch bedroht und fordert eine energische Kurskorrektur.

Die Beiträge von Frau Prof. Höhler und Herrn Prof. Riesenhuber wurden nach dem gesprochenen Wort von Herrn lic.phil. Patrik Schedler transkribiert. Wie in den vorherigen Jahren wurde die Vortragsreihe durch die Unterstützung der Firmenmitglieder unseres Instituts ermöglicht. Die Universität Zürich und ihr Rektor, Herr Prof. H.H. Schmid, haben dem Institut für seine Vorträge jede notwendige Hilfe und vor allem Gastrecht in der Aula gewährt. Ihnen allen sei an dieser Stelle herzlich gedankt.

Zürich, 25. Juni 1996

Prof. Dr. Dieter Ruloff
Delegierter des SIAF

Martin Meyer

Wandel der Moderne

Der Titel meines Beitrages lautet: «Wandel der Moderne». Damit ist ein Thema aufgeworfen, dessen Dimensionen alle Grenzen zu sprengen scheinen. Einerseits geht es um eine gewaltige – und immer wieder auch gewalttätige – Epoche, deren Erben *und* Gestalter wir nach wie vor sind. Anderseits soll diese Epoche unter den Zeichen des Wandels, der Veränderung, des Umbruchs betrachtet werden: vor allem mit Blick auf die Herausforderungen der Gegenwart. Dass ein solches Thema stets nur Annäherung gestattet, dürfte einsichtig sein, und dass auf wenigen Seiten kaum viel mehr als einige Hinweise und Perspektiven zu skizzieren sind, bitte ich mir nachzusehen. Dennoch will ich versuchen auch dem Charakter einer *Einleitung* in unserem Vortragszyklus Rechnung zu tragen – selbst wenn die folgenden Ausführungen das subjektive Moment nicht verleugnen wollen. Andere Akzente und Schwerpunkte wären durchaus denkbar. Und eine letzte methodische Vorbemerkung: Ich habe meinen Beitrag in drei Teile gegliedert. Der erste Teil soll der Erörterung des Begriffs der Moderne dienen, allgemeiner dem, was wir *heute* unter «Moderne» verstehen. Der zweite Teil analysiert eine Theorie, welche nach dem Jahr *1989* für Beachtung und Aufregung sorgte, die zugleich aber mit gewissen Fundamental-Überzeugungen der Moderne zusammenfällt: nämlich die Theorie vom sogenannten «Ende der Geschichte», vom *end of history.* Im dritten und letzten Teil schliesslich gehe ich auf eine gegenläufige Theorie ein. Sie kursiert seit 1993 unter dem Stichwort «The Clash of Civilization», oder zu Deutsch: der Zusammenprall der Kulturen.

I. Moderne: Begriff und Idee

Ich erspare uns zunächst komplizierte begriffsgeschichtliche Forschungen und nehme den Weg umgangssprachlicher Verständigung. Was meinen wir, wenn wir im Alltagsgebrauch von der Moderne reden? Wir meinen offensichtlich eine Epoche. Diese Epoche deckt sich, mindestens teilweise, mit derjenigen Zeit, die wir «Neuzeit» heissen. Noch immer periodisieren wir die menschliche Geschichte in die drei «Grossräume»: Altertum, Mittelalter, Neuzeit. Die letzte, jüngste Phase der Neuzeit fällt zusammen mit der Moderne, welcher ihrerseits die so benannte «Postmoderne» zugeordnet ist. Das drückt eine Banalität aus. Aber wenn wir von den drei Grossräumen der Historie sprechen, so gilt für die Neuzeit, dass sie gegenüber ihren Vorgänger-Epochen ein besonderer Grossraum ist. Denn sie wird nicht mehr als vorwiegend statische, in ihrem Wandel gemächliche Epoche erfahren, sondern als dynamisches, sich beschleunigendes Gebilde: als jener Grossraum, der unter Dampf steht. Man kann es mit einem Bild veranschaulichen. Wo vor tausend Jahren nur Brachland war, ist vor fünfhundert Jahren ein Acker. Vor zweihundert Jahren ist dort eine Fabrik, vor hundert Jahren kommt ein Bahnhof hinzu, vor sechzig Jahren ein Flugfeld, vor vierzig Jahren eine Autobahn, vor zwanzig Jahren ein Atomkraftwerk und vor zehn Jahren ein Vergnügungspark mit Computer-Games. Oder wieder etwas abstrakter: der Grossraum «Neuzeit» *verzeitlicht* sich zusehends.

Dieser Vorgang ist uns, den Spezialisten für die Ressource «Zeit», wohlvertraut. Er ist uns so sehr vertraut, dass wir nicht immer bemerken, welche Folgelasten und Kompensationsprobleme er bewirkt. In seinem Kern aber verdankt sich dieser *Prozess* der Moderne bestimmten Grund-Inhalten und Überzeugungen. Ich rekapituliere auch da bekannte Dinge. *Erstens* ist die Neuzeit gekennzeichnet durch die unerhörten Revolutionen und Entdeckungen des wissenschaftlichen Geistes, welcher alle alten Vorstellungen und Mythen über die Beschaffenheit der Welt der Vorurteilskritik unterwirft und beständig experimentierend, nach objektiven, also nachprüfbaren Wahrheiten strebt. *Zweitens* – und damit verbunden – löst sich der Mensch aus jenen Abhängigkeiten vorzüglich theologischer Fassung, die seine Stellung innerhalb von Schöpfung und Kosmos über Jahrtausende vorgaben. Die intellektuelle *curiositas* kennt keine göttlichen Grenzen mehr. *Drittens* schliesslich – und damit wiederum verbunden – wird das Dasein im Diesseits zum Primäranliegen für eine sich kontinuierlich verbessernde und materiell sich erlösende Menschheit. Die Herausforderungen von Politik, Gesellschaft und Ökonomie rücken ins Zentrum einer emphatischen *vita activa.*

Überspitzt also kann man formulieren: Mit der Neuzeit setzt sich zum erstenmal in der Geschichte eine Epoche selbst und autonom. Ihr Programm heisst Selbst-Ermächtigung, ihr Glaube beruht wesentlich darauf, dass die Historie *gemacht* werden kann. Von GALILEI und RENÉ DESCARTES spannt sich der Bogen selbstbewusster Zurüstung bis zu den Geschichtsphilosophen CONDORCET, COMTE und – KARL MARX. Noch MARX steht durchaus in dieser Linie, welche DESCARTES mit dem Wort stiftete, die Menschen müssten «maîtres et possesseurs de la nature» werden.

Als Bewegung der Aufklärung bricht die Neuzeit mit allem, was dem Anspruch auf Autonomie und wissenschaftliche Erkenntnis zuwiderläuft. Neben und über dem Menschen gibt es nur den Menschen. Dies ist entscheidend und von grosser Tragweite. Man könnte, wiederum zugespitzt, von einem Absolutismus des Diesseits sprechen. Und die *Werte,* welche dabei verfolgt werden, sollen *universal* Geltung haben. Wenn «der» Mensch, *tout court,* in sein Recht gesetzt werden soll – als Bedürftiger und als der stolze *homo faber,* als Mängelwesen und als der Fürst dieser Welt –, dann müssen Freiheit und Gleichheit, Selbständigkeit und Selbst-Erkennen *überall* gelten. Im Drang nach Universalisierung dieser Werte verleugnet das Exportprodukt «Aufklärung» seine kulturgeschichtliche Abstammung. Aus spezifischen Bedingungen *west*europäischer

Historie entstanden, will es schliesslich den *Erdball* umspannen. Die weltpolitische Wasserscheide solchen Strebens stellt bekanntlich die Französische Revolution von 1789 dar, die ebenfalls auch als Exportprodukt auf die Gesamtgeschichte einwirken sollte. Als die Revolutionäre auf die Turmuhren ihres Landes schossen, wollten sie damit auch zeigen, dass nun definitiv eine «neue Zeit» angebrochen sei.

Mit anderen Worten: bis tief ins 18. Jahrhundert hinein wird der Wandel der Verhältnisse primär als *Fortschritt* verstanden. Die wissenschaftlich-technischen, die politischen, die gesellschaftlichen und endlich die «philosophischen» Veränderungen gelten als Zeugnisse, aber auch als Er-Zeugnisse von *Wille* und *Ratio*. Sie verdanken sich der Vernunft und ihrem Gebrauch. Darin drückt sich ein unverhohlener Optimismus aus – nämlich als die Hoffnung, dereinst, in Zukunft, die Wirklichkeit im ganzen zur Zufriedenheit aller umgestalten und einrichten zu können. Noch der grosse Immanuel Kant ist von dieser aufklärerischen Mission beseelt, wenn er seine «Idee zu einer allgemeinen Geschichte in weltbürgerlicher Absicht» erörtert. In gewisser Weise soll die Neuzeit das Ende jener Geschichte einleiten, welche – über die Jahrtausende – durch Krieg und Ungerechtigkeit, durch soziales Elend und Ignoranz im Geistigen gekennzeichnet war.

Doch wie wir alle wissen, kam vieles ganz anders. Spätestens seit dem Erdbeben von Lissabon von 1755 ging skeptischeren Beobachtern auf, dass die «natürliche» Welt trotz Wissenschaft und Technik keineswegs restfrei zu bändigen sei. Spätestens seit der *terreur* der Französischen Revolution bemerkten nachdenklichere Kommentatoren, dass auch im Politischen die Mächte des Fanatismus weiterhin existierten. Und spätestens nach den ersten Folgewirkungen der industriellen Bewegung war mit Händen zu greifen, dass der technische Fortschritt sein Janusgesicht offenbarte. Als dann 1912 die als unsinkbar geltende «Titanic» im Meer verschwand, begann der Triumph der Technik dämonisch zu leuchten.

Der Wandel beschleunigte sich. Umstürze und Gärungen zeichneten die Lebenswelt in immer rascherem Tempo. Doch nur wenige wollten nun noch annehmen, dass dies alles dem festen Plan menschlicher Absicht und Vernunft gehorche. Der Wandel schritt jetzt *auch* mit der *Unberechenbarkeit* der geschichtlichen Prägungen einher.

Was – zeitlich und der Substanz nach – im engeren Sinne als die Epoche der Moderne bezeichnet wird, hat hierin seinen Ursprung. Die Moderne, im ausgezeichneten Sinne: Das ist das Flüchtige und Fliehende, das Entgleitende und Plötzliche, die fortwährende Abspaltung von Tradition und Herkunft zugunsten einer immer unbekannteren, immer schwerer zu prognostizierenden Zukunft. Der französische Dichter CHARLES BAUDELAIRE, der eine solche Definition der Moderne gegeben hat – sie sei «le transitoire», «le fugitif», «le contingent» – bringt die neue Erfahrung auf einen einzigen Satz. Er lautet: «Le temps mange la vie.»

Die Zeit zehrt das Leben auf. Das spiegelt die «andere Seite» der modernen Ermächtigungen wider, in welcher wir uns viel eher wiedererkennen als im früheren Optimismus der Aufklärung. Tatsächlich mehren sich, nach Anfängen im 18. Jahrhundert schon im 19. Jahrhundert die Stimmen, welche zur Kritik am Programm der Moderne ansetzen, insofern dieses den Menschen aus den althergebrachten Bindungen und Vertrautheiten hinausbefördere in die ungesicherte Offenheit der wissenschaftlich-technischen Zivilisation und ihrer abstrakt gewordenen Universalsprache. Da manifestiert sich, so intensiv wie niemals zuvor, die «Dialektik» des Wandels. Jede Mutation, jede starke Innovation lässt als Hypothek ihre Kehrseite aufscheinen. Der Wandel büsst seine «positive» Aura ein. Er wird geradezu zum Signum der spätneuzeitlichen Begegnungen und Erfahrungen. Moderne und Wandel, Wandel der Moderne: Das ist, spätestens seit der Mitte des 19. Jahrhunderts, eine Tautologie: eines und dasselbe.

Man muss nicht Nietzsches ätzender Kulturkritik folgen, um zu sehen, dass das Maschinenzeitalter die Ära auch der *Entfremdung* ist. Schon der liberale Kulturphilosoph Jacob Burckhardt erkannte sein Säkulum: in dem explosiven Ineinander von wissenschaftlich-technischem Beherrschungstrieb und irrationaler Flucht in neue Ideologien. Auf der «ideologischen» Seite sind es die Doktrinen von Sozialismus und Kommunismus, von übersteigertem Nationalbewusstsein und rassistischem Wahn, von imperialem Ausgriff und utopischer Hoffnung auf den «neuen Menschen», welche der wachsenden Orientierungslosigkeit ihr gefährliches Angebot machen. Es wäre natürlich zu einfach, wollte man in den Gegen-Bewegungen des 19. Jahrhunderts – von der Romantik bis zum Jugendstil – lediglich Phänomene der Kompensation erkennen. Gleichwohl ist kaum von der Hand zu weisen, dass die *Entzauberung* der Welt, die mit dem Versachlichungsprozess der Moderne vorangetrieben wird, nach *Entlastungen* verlangt.

Der modernen Arbeits- und Lebenswelt sind Ausdifferenzierung und Funktionalisierung eigentümlich. Der Mensch existiert *polyvalent.* Er folgt verschiedenen Zeit-Rhythmen, lebt in der Gleichzeitigkeit des Ungleichzeitigen. Überkommene Bindungen und Werte treten in den Hintergrund, neue Ordnungen wollen erkannt und anerkannt sein. Dabei kommt es, sozialpsychologisch gesprochen, *zu Mangel-Erscheinungen.* Heilslehren und Erlösungsverheissungen schiessen hier ein. Wie wenige hat dies der deutsche Soziologe Max Weber beobachtet. Noch bevor sich die Totalitarismen des 20. Jahrhunderts zur vollen Kenntlichkeit entwickelten, sprach Max Weber vom «stahlharten Gehäuse» der Moderne und von dessen Zwang zur Funktionalisierung des Lebens. Daraus gebe es, so meinte Max Weber, keinen Ausweg. Weber starb zu früh, als dass er noch hätte bemerken können, wie die neuerliche *Verzauberung* durch mächtige Ideologien einsetzte. Ihr Trick, mithin ihr Erfolg, bestand unter anderem (und unabhängig davon, ob sie «links» oder «rechts» verortet waren) darin, dass sie das dynamische Element der technischen Zivilisation mit einer Heils- und

Erlösungslehre legierten. Elektrizität plus Sozialismus, wie es LENIN formulierte. Oder: hier Autobahnen und Stukas, dort der deutsche Wald.

Wohin dies die Welt gebracht hat, ist bekannt. Fünfzig Jahre nach dem Ende des Zweiten Weltkrieges stehen wir noch immer fassungslos vor den materiellen, geistigen und moralischen Verwüstungen unseres Jahrhunderts, welches den Wandel der Moderne in seiner unheimlichsten Weise abspiegelt. Viele der drängenden politischen und wirtschaftlichen Probleme der Gegenwart wurzeln in Ereignissen und Katastrophen, die bis ins 19. Jahrhundert zurückführen. Während sich unsere Zeit immer entschiedener *beschleunigt,* ist es zugleich ein merkwürdiger geschichtlicher *Stau*, der die Energien für die Zukunft mächtig beeinflusst und beeinträchtigt. Krieg und Völkermord, Vertreibung und Exil, Hungersnot und tausend Gesichter des Fanatismus: Das mag es immer gegeben haben . Aber es lässt sich, wie man es drehen und wenden mag, nicht in Einklang bringen mit dem ursprünglichen Aufbruch der Moderne als *Aufklärung.* Es wäre entweder zynisch oder leichtsinnig, wenn man dieses Erbe – von Freiheit und Selbstbestimmung, von Gerechtigkeit und, um es ganz schlicht zu sagen, von besserem Leben, – wenn man dieses Erbe nach solchen Erfahrungen nun seinerseits «historisieren» würde, der vergehenden, vielleicht schon vergangenen Geschichte zuschlagen wollte.

Fassen wir vorerst zusammen: mit der Neuzeit konstituiert sich, historisch zum ersten Mal, eine Epoche, die sich in ihrem *Selbstbewusstsein,* also in der erkennenden und handelnden Kompetenz des Menschen, autonom setzt. An die Stelle einer statischen – und in ihrer Statik letztlich unbefragten – Daseinsweise tritt das Prinzip der *Veränderung.* Dieses bringt den Willen zur Umgestaltung im Sinne der *Beherrschbarkeit der Welt* zum Ausdruck. Der Daseinserleichterung durch die Abschöpfung der natürlichen Ressourcen korreliert für die Bereiche von Gesellschaft, Wirtschaft und Politik die Befreiung von traditionaler Herrschaft. Mit der Französischen

Revolution wird dieses Prinzip geschichtlich. Für die westliche Welt zunächst angewandt, soll es in die ganze Welt hinausgetragen werden. Schon seit 1800 nistet sich aber, komplementär dazu, der Fortschrittszweifel ein. Einerseits zeitigt die ungeheure Industrialisierung vielfache Entwurzelungen und bösartige Schäden an der Natur. Anderseits ist der «Aufstand der Massen» zu beobachten, der wie ein Damoklesschwert über den sozialen Gebilden hängt. Im zwanzigsten Jahrhundert schliesslich überstürzen sich die Ereignisse. Neben die liberalen und demokratischen Entwicklungen treten totalitäre Herausforderungen. Die unerhörte *Mobilmachung der Technik* scheint sich zu verselbständigen, und die immer mehr auf Funktionsteilung eingespurte Arbeit verlangt vom Menschen die Bereitschaft, ständig auf dem Sprunge zu sein. Kriege von bisher nicht gekanntem Ausmass bringen die Welt an den Abgrund ihrer Vernichtung. Selbst der *Wiederaufbau* nach 1945, im Westen und in Japan erfolgreich betrieben, in den Ländern und Staaten des Kommunismus als Scheinerfolg inszeniert, existiert unter der Drohung des Kalten Krieges, dessen Waffenpotential erstmals die Menschheit als ganze auszulöschen vermag.

So viel Pessimismus muss ermüdend wirken. Leben wir, die Bürger der westlichen Hemisphäre, inzwischen nicht in Freiheit und *Wohlstand,* verschont von den Schrecken von Krieg und Bürgerkrieg, mit sozialen Netzen bedacht, einer bunten Freizeit-Kultur – man muss schon fast sagen: *ausgeliefert?* In der Tat, so ist es! Und deshalb möchte ich in meinem zweiten Teil eine Theorie in Erinnerung rufen, die solche Zustandsbeschreibung mit ideellen Erwägungen zusammenschliesst. Es handelt sich um die Theorie des amerikanischen Politologen FRANCIS FUKUYAMA, welche der damalige Beamte des State Department im Jahr 1989 in der Zeitschrift «The National Interest» unter dem Titel «The End of History?» veröffentlicht hat.

II. Die These vom «Ende der Geschichte»

Ich fasse holzschnittartig zusammen. Das Jubeljahr 1989, das für uns alle völlig unerwartet, den Kollaps oder die Implosion des Sowjetkommunismus und damit auch, vielleicht noch wichtiger, den *Zusammenbruch* der weltgeschichtlich so mächtigen und im Elend folgenreichen Doktrin des Marxismus-Leninismus gebracht hat, markiert den Ausgangspunkt und die (prekäre) Beglaubigung von FUKUYAMAS These. Sie *lautet:* Nach dem Ende des Kommunismus gibt es nur noch *eine* weltumspannend eingreifende politische Herrschafts- und Lebensform: diejenige der *liberalen Demokratie.* Demokratie und Markt, Liberalismus und Rechtsstaat, persönliche Freiheit und der Zusammenhalt der Bürger-Gesellschaft: – dies sind die Konstituenten, welche einerseits real gesiegt haben, anderseits aber auch am besten das menschliche Bedürfnis nach Autonomie beglaubigen, wie es von der Aufklärung verlangt wurde.

Ich bitte Sie, dieser These, trotz Bosnien und Tschetschenien, trotz Somalia und Rot-China, noch für ein paar Augenblicke Gehör zu schenken. Die Fundamente der These sind komplizierter angelegt, als es den Anschein macht. Darüber will ich hier nicht Rechenschaft geben. Aber zwei, drei Sätze müssen das Ganze doch etwas näher erläutern. FRANCIS FUKUYAMA bezieht sich mit seiner Überzeugung auf den deutschen Philosophen G. W. F. HEGEL – und auf dessen eigenwilligsten Interpreten im 20. Jahrhundert: auf ALEXANDRE KOJÈVE. Nach HEGEL-KOJÈVE bietet die gesamte Weltgeschichte in ihrer politischen Verfasstheit den Kampf um Anerkennung. Der Mensch, in seinem Streben und Tun, wir würden sagen: in seiner Identität, will vom anderen anerkannt sein. Bis in die Neuzeit war das Verhältnis zwischen den Menschen asymmetrisch. Es gab den Herrn, und es gab den Knecht. Der Knecht dürstete nach Anerkennung. Daraus entstand ein Kampf auf Leben und Tod, wenn es der Knecht nicht vorzog, durch *Arbeit* seine Konditionen zu verbessern. Das erste Datum der neueren Geschichte, welches diese Asymmetrie aufhob, war die Französische Revolution. Mit der Heraufkunft der bürgerlichen Gesellschaft und ihrer Verrechtlichung sind, wenigstens prinzipiell, die Bedingungen wechselseitiger Anerkennung gegeben.

Doch was – so werden Sie fragen – hat dies nun mit dem sogenannten Ende der Geschichte zu tun? Nun, in der Deutung von FUKUYAMA ist Geschichte wesentlich charakterisiert durch *Kampf* und *Krieg*. Etwas blumig formuliert, die Knechte wollen den Herren ans Leder. Diese Dynamik schwächt sich ab und gelangt gar zum Stillstand, wo der Ausgleich durch Anerkennung stattgefunden hat, wie heute in den fortgeschrittenen Zivilisationen der westlichen Welt. Dass dieses «Ende» auch Ziel der marxistischen Weltveränderung sein sollte, enthüllt ein politischer Witz, der zur Zeit des Kalten Krieges kursierte: CHRUSCHTSCHOW hält eine Rede vor dem Obersten Sowjet und sagt dabei: «Der Kommunismus ist schon am Horizont zu sehen.» Ein Zuhörer unterbricht und fragt: «Genosse CHRUSCHTSCHOW, was ist das, 'Horizont'?» Die unwillige Antwort: «Dummkopf, schau doch im Lexikon nach.» Zerknirscht geht der Fragesteller nach Hause und blättert im Lexikon. Er findet: 'Horizont', Scheidelinie zwischen Himmel und Erde, die sich entfernt, wenn man sich ihr nähert. – Aber zurück zu FUKUYAMAS Szenario für den Westen.

Geschichte rückt – nach dem Ende der Geschichte – tendenziell ein in den Status der «Verwaltung». Ihr Wandel beruht dann hauptsächlich auf den technischen Innovationen und auf den ökonomischen Verschiebungen des Marktes. Der deutsche Soziologe ARNOLD GEHLEN hat für solche Zustände das Wort von der «posthistoire» – der Nach-Geschichte – geprägt. «Beweglichkeit auf stationärer Basis» lautet sein Stichwort. Oder mit einem Satz des Dichters GOTTFRIED BENN: «Nicht Entwicklung, *Unaufhörlichkeit* wird das Menschheitsgefühl des kommenden Jahrhunderts sein.»

Ist das eine Fiktion? ein frommes Märchen gar? FUKUYAMA ist natürlich nicht blind für die unerhörten Divergenzen der spätmodernen Welt. In dieser Welt dominiert energisch das *Gleichzeitige des Ungleichzeitigen.* Höchste technologische Standards, Wohlstand, ausdifferenzierte Sozialstrukturen hier, im Westen. Fanatismen und Atavismen, Hunger und Unterdrückung, archaische Lebensbedingungen dort – in der Dritten Welt, auch in Teilen des ehemaligen Ostblocks. Deshalb versuchte der Analytiker des amerikanischen State Department sozusagen mit HEGEL eine *nachholende* Entwicklung festzuschreiben. Was im Westen erreicht ist, bahnt sich für die übrige Welt langsam, aber unaufhörlich seinen Weg. *Welchen Weg?* Liberalismus, Demokratie, Markt, individuelle Entscheidungsräume usw. Die nun allerdings sehr prekäre Überzeugung dafür beruht auf einer anthropologischen *Universalisierung.* Nämlich: *Alle* Menschen streben nach Anerkennung, und nur die oben beschriebenen Werte vermögen dieses Streben inhaltlich zu befriedigen. Sie sehen: Da wiederholt sich der Export-Gedanke der Aufklärung, vielleicht sogar, in verweltlichter Façon, der Missionsgedanke des Christentums.

Natürlich ist die FUKUYAMA-These schon kurze Zeit später auf vielerlei Widerstand gestossen. Der Vorwurf des *Eurozentrismus* war zu hören; die Realismus-Politologen konnten bald auf neue und grausame Kriegsschauplätze verweisen; Historiker und Ethnologen verteidigten die spezifischen Eigenarten der Kultur*en* der Welt gegen die Dynamik der Angleichung und Nivellierung in die Richtung einer *tv-* und *fast-food-Einheitskultur.* Im Bereich der Werte und Überzeugungen ist seither – und nicht mit schlechten Gründen – ein vielstimmiges Plädoyer für deren legitimen *Pluralismus* zu beobachten. Jeder Kulturkreis, so ist zu hören, wurzelt in besonderen, historisch verschiedenen Bedingungen und muss deshalb auch entsprechend differenziert betrachtet werden. Diese Vielfalt betrifft die Alltagskulturen so gut wie die religiösen Optionen, das Verhältnis zu Arbeit und Musse so gut wie das Denken der Politik. Wer für solchen Pluralismus einsteht, muss ihn deshalb nicht schon idealisieren. Um ein Beispiel aus unserer näheren Nachbarschaft aufzugreifen: Die verheerende *Bürgerkriegssituation* im ehemaligen Jugoslawien wird nicht ins Recht gesetzt, aber analytisch verstehbar, wenn die geschichtlichen Besonderungen erinnert werden, welche bis ins 19. Jahrhundert zurückreichen. Darauf und auf ähnliche Reibungen politischer wie auch allgemein zivilisatorischer Art will ich im dritten Teil zu sprechen kommen.

Lassen Sie mich indessen noch kurz beim Thema vom «Ende der Geschichte» verweilen. Auch im Westen selbst ist die *Vielfalt* der Werte und Lebensstile zum Diskussionsstoff geworden. Wie gesagt: Der Moderne in ihrer wissenschaftlich-technischen Ausprägung eignet eine angleichende, nivellierende Dynamik. Die moderne Welt von Technik, Arbeit und Verkehr schafft immer mehr *Ähnlichkeiten*. Dieser Zwang verdankt sich primär dem Willen zur Effizienz, zur optimalen Nutzung der Ressourcen. Anderseits bewirkt solcher uniformierender Trieb auch ein «Unbehagen an der Kultur», wie schon SIGMUND FREUD formuliert hat. Man kann nun die sogenannte *Postmoderne* als den Versuch verstehen, die universalisierende Moderne um eine neue Erlebnisdichte, um die *Buntheit* von Ausdrucksformen und Lebens*welten* zu ergänzen.

Was ist das: Postmoderne? Der Begriff, seit etwa zehn Jahren in Umlauf, wurde zunächst für die Architektur beansprucht. Hier bezeichnet er das zwanglose Ineinander von Stilen und Bauformen quer durch die historischen Epochen. Kein festes ästhetisches *Programm* steht mehr an, wie noch vor zwanzig Jahren, zur hohen Zeit von Beton, Stahl und Glas. Vielmehr soll mit Ornamenten gespielt werden, mit Zitaten und optischen Täuschungen. Die Devise heisst: Eklektizismus. Das heisst: Man sucht sich zusammen, was einem passt. Und so, wie die Architektur wieder lebensdienlicher und freundlicher, gleichsam kindlicher werden soll, so soll auch die übrige Realität – immer *neben* und *trotz* ihrer Vereinheitlichung und Vernetzung – farbiger, individueller werden. Diese Vielfalt führt vom Erblühen para-religiöser Erfahrungen über ökologische Anbau-Weisheit bis zum politischen Synkretismus, welcher bekanntlich den klassischen politischen Parteien so viel Kopfzerbrechen bereitet. Sind die «Grünen» eher links oder eher rechts zu orten? Es kommt, viel mehr als früher, auf den *Kontext*, auch auf die Sachprobleme an.

Aber natürlich ist diese Pluralisierung nicht nur eine Spielwiese für eine stärker *hedonistisch* orientierte, am persönlichen *Glücksstreben* interessierte westliche Zivilisation. Gleichzeitig verbirgt sich dahinter eine tiefe Verunsicherung, eine Art von *Heimatlosigkeit* innerhalb der technisch-technologisch gewordenen Welt und ihrer unerhörten Beschleunigungen. Abstrakt gesagt: Noch nie in der Geschichte hat sich wohl schon in der Gegenwart die *Zukunft* so mächtig abgelagert, allerdings und eben: Ohne dass sie zu fassen, zu erkennen wäre. Wir wissen *wie niemals zuvor* kaum noch, was die Zukunft bringen wird, obwohl sie schon «da» ist, nämlich in den Plänen und Konzeptionen, auch in den möglichen Verfügungen des wissenschaftlichen Geistes. «Brüssel» ist dafür ein vor allem wirtschaftlich gesättigtes Symbol. Und der Erfolg der helvetischen Euro-Skeptiker (um noch etwas konkreter zu werden) beruht zu grossen Teilen darauf, dass mit dieser Politik und ihren Emblemen nochmals, *rückgreifend*, eine Welt beschworen wird, die wir doch so gut gekannt haben: Eigenständigkeit und Wehrbereitschaft, ein argwöhnischer Fleiss und alpine Tüchtigkeit. Nur: Damals war eben auch der Gegner, waren die Gegnerschaften kenntlich. Mit anderen Worten: Das Tempo des sozialen Wandels scheint nur dann erträglich zu sein, wenn es durch retardierende, *verzögernde Momente ausgeglichen* wird.

Während im Bereich des Ästhetischen die Stil-Pluralismen der Postmoderne für *Entlastung* sorgen sollen und die Kultur des Museums, der musealen Vergegenwärtigung von Vergangenem, eine erstaunliche Blüte erfährt, brechen für den Bereich von Gesellschaft und Politik *härtere Probleme* auf. Sinn-Stiftung und Sinn-Führung wären gefragt für unsere extrem dynamische Moderne. Aber das Potential der Utopien scheint erschöpft. Der Siegeszug der liberalen Demokratie hat andere Entwürfe und Erlösungslehren diskreditiert. Indessen: Liberal-demokratische Gesellschaften sind, ihrem Wesen entsprechend, *bekenntnisarme Gesellschaften.* Das ist ihr grosser Vorzug. Sie versprechen in der Regel nicht mehr, als sie zu halten vermögen. Sie verheissen nicht den Himmel auf Erden, sondern Verhältnisse gegenseitiger Anerkennung und – durch Arbeit und Leistung materielles Wohlbefinden. Den Rest, das «Höhere», das Transzendente, überlassen sie *individueller* Entscheidung. Darin spiegelt sich nochmals der Aufbruch der Neuzeit, die Aufklärung der Moderne.

Anderseits mehren sich auch im Westen die Zeichen, dass der individuelle Freiraum inzwischen *zu wenig Identitäts- und Geborgenheitsgefühle* zu erzeugen vermag. Die Überforderung des Einzelnen, nicht nur bei seiner Sinn-Suche, sondern auch in der kühlen Wirklichkeit des wissenschaftlichen Wettbewerbs, lässt diesen oft ratlos zurück. Auch stösst die Anpassungsbereitschaft gegenüber der Arbeitswelt an Grenzen des «biologischen» Alterungsprozesses. «Wie ist es möglich, dass sich die Welt so schnell verändert hat? zu schnell für ein einzelnes Leben, ein einziges Geschlecht.» So lässt der Schriftsteller ERNST JÜNGER einen seiner Protagonisten schon 1957 ausrufen. Die Flucht in neue Sekten, bei jungen Menschen in die Droge und in den sinnestötenden Rhythmus der Techno-Musik, die Attraktivität von überschaubaren Gemeinschaften, welche Differenzen vorweisen, der Anschluss an Gefühle, die an ein National-Bewusstsein und an den nationalen Stolz anknüpfen: Dies alles wird wohl besser verstehbar, wenn man es als *Gegenbewegung,* als *Kompensation* zur Dynamik der Moderne interpretiert. Vieles davon ist irrational, manches bedroht die Errungenschaften der Vernunft. Aber der Vorwurf der Irrationalität ändert noch nichts an den Tatbeständen. Dies bringt mich zu meinem dritten und letzten Teil mit dem Titel:

III. Kulturen im Widerstreit oder «The Clash of Civilization»

Jede Kulturtheorie geht zunächst von dem Anspruch aus, dass sie nur beschreibt, was ist. Doch jede Kulturtheorie ist insgeheim oder auch offenbar von *gewissen Werten* getragen. Zu den letzten, nicht mehr analytisch fassbaren Überzeugungen oder «Optionen» zählen auch jene, die von der «Güte» respektive von der «Schlechtigkeit» des Menschen ausgehen. Ist der Mensch von *Natur* aus gut, wie es etwa JEAN-JACQUES ROUSSEAU bestimmte? Ist er böse wie es die christliche Erbsünden-Lehre unterstellt? Gilt das *homo homini lupus:* dass der Mensch des Menschen Wolf sei wie es der Philosoph THOMAS HOBBES festgeschrieben haben wollte?

Sie werden fragen, was dies mit unserem Thema zu tun habe. Nur so viel, aber immerhin so viel: Wer an die *Güte* des Menschen glaubt, glaubt zugleich an eine *starke* Verbesserungsfähigkeit der menschlichen Verhältnisse. Wer eher vom Gegenteil überzeugt ist, anerkennt den Fortschritt in der Geschichte allenfalls sektoriell, vielleicht noch in Wissenschaft und Technik, kaum aber fürs humane Zusammenleben. Vor drei Jahren hat der deutsche Schriftsteller HANS MAGNUS ENZENSBERGER ein Buch vorgelegt, das sich wie eine grosse Enttäuschung liest. Nicht Fortschritt und Vernunft, Humanität und Sittlichkeit seien die wahren Kennzeichen der Menschheitsgeschichte. Vielmehr lauteten diese: Krieg und Bürgerkrieg, Ausrottung und Migration und Unversöhnlichkeit zwischen Interessen, Ansprüchen und ganzen Kulturen. Noch vor zwanzig Jahren hätte eine solche, zutiefst *pessimistische* Aussage mindestens bei der kritischen Intelligenz einen Schrei der Empörung ausgelöst. Heute – symbolisch gesprochen: Seit «Bosnien» nimmt man sie zwar mit Unbehagen, aber auch mit Nachdenklichkeit zur Kenntnis.

Mit anderen Worten: Der optimistischen These vom «Ende der Geschichte» als dem Ende der grossen Konflikte antwortet heute eine Gegen-These, welche besagt, dass Konflikte und Auseinandersetzungen auch der kriegerischen Art sozusagen zum *«Wesen» der*

Historie gehören. Für ein Publikum, das besonders an aussenpolitischen Fragen interessiert ist, hat es der amerikanische Politologe SAMUEL HUNTINGTON ähnlich düster formuliert. Im Sommer-Heft 1993 von «Foreign Affairs» titelte er seinen Aufsatz: «The Clash of Civilization?» Nach der Lektüre des Textes ging jedermann schnell auf, dass das abschliessende Fragezeichen nur als rhetorisches Ornament gedacht war.

HUNTINGTON prognostiziert einen sich laufend verschärfenden *Zusammenprall* der Kulturen. Für die Kultur des Westens gelte, dass sie sich über einen Prozess von dreihundert Jahren – und oft in der Form westlicher «Bürgerkriege» – zum *status quo* von Friede und Wohlstand und relativer Sekurität fortentwickelt habe. Kommt aber hinzu, dass die nichtwestlichen Zivilisationen nun nicht mehr Objekte westlicher Kolonialisierung sind, sondern *eigenständige* Mitspieler auf der Bühne des Weltgeschehens. Damit bringen sie auch ihre spezifische Identität in Anschlag. Und Zivilisations-Identität wird nicht bloss, nach westlichen Vorgaben, gestiftet durch Demokratie, Wissenschaft, Technik und Markt-Vernunft. Sie ist zugleich, und manchmal gerade *gegen* diese Faktoren, Ausdruck von Sprache, Geschichte, Religion, Sitte und Tradition, von Institutionen und Selbst-Identifikationen der Menschen. Diese Fundamente werden um so bedeutsamer, je *stärker* sich die ökonomische Modernisierung und der soziale Wandel bemerkbar machen. Wie wir schon für die Kultur des Westens gesehen haben: Dieser Wandel zersetzt die Herkunftswelten und schafft Orientierungslücken. Er schafft noch viel grössere Probleme in Kulturen, für die der *western way of life* im besten Fall ein akzeptables Import-Produkt ist; in der islamischen Welt und in Afrika, in grossen Teilen Asiens – und, nach HUNGTINGTON, auch in den slawischen Ländern. Besonders deren Eliten besinnen sich wieder auf die eigenen Werte und Ideale. Der *anti-westliche* Affekt ist unüberhörbar. Mit Macht erstarkt das religiöse Bewusstsein, und zwar zunächst als Ausdruck kultureller Besonderung. Mit Blick auf den europäischen Kontinent geht SAMUEL HUNTINGTON so weit, zu behaupten, dass inzwischen ein

Samt-Vorhang der «Kultur» den Eisernen Vorhang der Ideologie zwischen West und Ost ersetzt habe.

Eine Anekdote mag in solchem Kontext aufschlussreich sein. Als sich der englische Premierminister JOHN MAJOR im Dezember 1990 in einem Interview zu den Vorbereitungen des Golfkrieges äussern sollte, sprach er von den Aktionen des Westens – *actions of the West* – gegen SADDAM HUSSEIN. Sogleich aber korrigierte er sich und ersetzte «the West» durch die Globallegitimität «of the world community». Nach HUNTINGTONS Deutung ist das Wort «Weltgemeinschaft» ein Kulissenbegriff für die Aktionen und Interessen des Westens. Dessen *Werte* da sind: Individualismus, Liberalismus, Konstitutionalismus, Menschenrechte, Gleichheit, Gesetzesordnung, Freiheit, Demokratie, freie Märkte, Trennung von Kirche und Staat usw. Diese Werte fänden oft wenig Widerhall in islamischen, konfuzianischen, hinduistischen, buddhistischen oder russisch-orthodoxen Kulturen. Doch deshalb – und unter den Zwängen weltweiter Modernisierungsprozesse – sei der *clash,* der Zusammenprall zwischen dem Westen und dem *rest of the world,* unvermeidlich. Oder anders: westliche Kulturen sind zugleich westlich und modern. Nicht-westliche Kulturen haben bisher versucht, «modern» zu werden, ohne «westlich» zu werden.

Ich erspare Ihnen die Detail-Analysen der HUNTINGTON-These. Auch ist der Harvard-Professor als guter Amerikaner weder ein Bellizist, noch, auf den Spuren einer skeptischen Anthropologie, ein Mann, der mehr an den «bösen» als an den «guten» Menschen glaubt. Sogar plädiert er, durchaus vernünftig, am Ende seines Aufsatzes dafür, dass der Westen sich vermehrt mit den *grundlegenden* religiösen und philosophischen Überzeugungen *anderer* Kulturen auseinandersetze, um den Aufprall allenfalls abzufangen, jedenfalls zu mildern. Was wiederum ein westliches Ideal, nämlich jenes der *Toleranz,* zum Ausdruck bringt.

Aber – und damit komme ich zum Schluss – so sehr die Ideale der westlichen Moderne zu halten und zu bestärken sind, so sehr gilt auch, dass wir längst nicht mehr einfach in der Welt von GOTTHOLD EPHRAIM LESSING leben. LESSING hat bekanntlich in seinem Stück «Nathan der Weise» die Toleranz-Idee gültig und wirkungsreich ausgesprochen: Der Christ, der Jude und der Muslim kommen zu gegenseitiger Verständigung. *Unser* Problem besteht darin, dass die Handlungsspielräume der freien, individuellen Entscheidung kleiner geworden sind: zugunsten der Rationalität (manchmal auch nur der Schein-Rationalität) der «Strukturen und Super-Strukturen». Markt-Ökonomie und Tele-Kommunikation, naturwissenschaftliches Erkennen und, nicht zuletzt, die Ökologie drängen zur Universalisierung – zum grossen «Internet». Nicht die LESSING-Welt, sondern die LEONARDO DA VINCI- und MAX-WEBER-Welt ist die Realität von heute. Man kann es auch so sagen: Noch immer sind viele Völkerkundler fassungslos gegenüber der Tatsache, in welchem Ausmass ein einziger Transistor-Radio die Kultur und die Psyche der sogenannten «Wilden» zu verändern vermochte.

Dass sich die Moderne solcher *clashs,* solcher Ungleichzeitigkeiten inzwischen sehr bewusst geworden ist, zählt zu den hoffnungsvolleren Anzeichen. Auch soll der Traum von der friedlichen, in Wohlstand lebenden Weltgesellschaft geträumt werden dürfen, so lange er nicht gewaltsam missionarisch verwirklicht wird: auf Kosten mannigfacher hergebrachter Identitäten. Oder bescheidener: Die *Aktualität* des Vortragszyklus' des Schweizerischen Instituts für Auslandforschung – «Wandel der Weltgesellschaft» – bedarf keiner Rechtfertigung.

****

Norbert Walter

Was kommt nach dem Wohlfahrtsstaat?

In den sechziger Jahren entledigten sich die westlichen Gesellschaften der Repression. Sie verschrieben sich ihrer Befreiung, ihrer Selbstverwirklichung. In Europa, insbesondere in Deutschland, entwickelte sich eine besondere Form: Auf der Makroebene vervollkommnete sich der Korporativismus, die subtile Herrschaft der grossen (lauten) Gruppen. Auf der Mikroebene war der schrankenlose Individualismus auf dem Vormarsch. Die in dieser doppelten Tendenz innewohnende Inkonsistenz wurde mit der Nonchalance moderner Geister ignoriert, beiseite geschoben oder glatt wegdefiniert. (Abschaffung der Sachzwänge!)

Traditionelle Werte, sekundäre Tugenden, klassische Orientierungen an Philosophie oder Religion gerieten unter die mobilen Räder der Lächerlichmachung. Wir wurden zur *instant society:* vom *instant coffee* zu *instant love,* geschichtslos, ohne Zukunft, aber im Heute verhaftet. Kinder, Alte, Kranke, Entwicklungshilfe wurden zur Aufgabe des Kollektivs, der Sozialversicherung. *Pay as you go* geriet zum herrschenden Konzept. Die Verknüpfung von exzessivem Individualismus und Korporativismus hat C. C. von Weizsäcker mit folgendem Satz charakterisiert: «Derjenige ist in unserer Gesellschaft der Starke, der sich zum Schutz der Schwachen einsetzt.» Oft ist der Einsatz aber vorgeschoben, oft sind die «Schwachen» nur vermeintlich schwach. Doch auch dort, wo beide Relativierungen nicht zutreffen, liegt im gesellschaftlichen Glorienschein des Tuns solcher Personen die Gefahr der Verschwendung von Ressourcen und die Gefahr der Entleerung des Tuns vom Sozialen, Solidarischen. Die «Social industry» erhebt ihr Haupt.

Viel zu oft wird allein die erklärte Absicht der sich Erklärenden oder gar tatsächlich Handelnden zum ausschlaggebenden Kriterium, um über «Gut» oder «Schlecht» des jeweiligen Tuns zu entscheiden. Die letztlich erreichten Ergebnisse werden dagegen selten zum Massstab der Handlungsanweisung gemacht: Gesinnungsethik beherrscht die Szene, Verantwortungsethik bleibt rundheraus unbeachtet.

Haben gutgemeinte Handlungen nicht auch gute Resultate, wird dies nicht zum Anlass genommen, die eigene Position zu überprüfen: Es wird als umso schlimmer für die Wirklichkeit gehalten, dass das Ergebnis der Theorie nicht entspricht. Die Erkenntnis, dass die Wirklichkeit nicht beliebig vermehrbar ist, sondern nur einmal existiert, Theorien aber beliebig vermehrbar sind, liegt vielen Zeitgenossen, die ihre gute Theorie gefunden haben, nicht am Herzen und stört ihren Verstand augenscheinlich nicht.

Fall–out von Korporativismus und exzessivem Individualismus

Die Herrschaft der grossen (lauten) Gruppen blieb nicht ohne Folgen. Solche Konzepte gehen immer zu Lasten von Aussenseitern. Sie schliessen die, jenseits der Landesgrenze, zumeist aus. Dies schadet wiederum nicht jenen, die draussen stark sind, den Supermächten. Sie verschaffen sich Respekt. Auf der Strecke bleiben die, die klein sind und die sich nicht (oder nicht gut) organisieren konnten, dies gilt für die meisten Entwicklungsländer. Zuhause sind jene bevorzugt, die es (natürlich) leicht haben, Kartelle zu bilden oder die, die dafür eigens staatliche Genehmigung oder gar staatliche Aufforderung erhalten. Diejenigen, die natürliche Monopole bilden, sind hier ebenso zu nennen, wie jene die eine alte Tradition des Zusammenschliessens haben, so etwa die Landwirtschaft oder der Bergbau. Oft kommt die staatliche Toleranz gegenüber Kartellen aus der in Deutschland verbreiteten Risikoscheu und dem folglich angeordneten Verbraucherschutz, der sich vielfach als Produzentenschutz entpuppt, beispielsweise in der Versicherungswirtschaft. Weder wird Innovation im eigenen Land (zum Nutzen des Konsumenten) gefördert, noch wird ausländische Konkurrenz zugelassen. Ein dritter Grund, warum Produzenten nicht dem Wettbewerb ausgesetzt werden, liegt im Schutzwunsch für wettbewerbsschwache Branchen. Dieser Schutz hat verschiedene Ziele: Er mag die Beschäftigungsprobleme der Arbeitnehmer in diesen Sektoren im Visier haben. Es mag aber auch die Besorgnis einer sonst zu grossen Auslandsabhängigkeit der eigenen Volkswirtschaft sein (Reichsnährstand), die diese protektionistische Haltung erklärt.

Gutgemeinte Politik erreicht indes oft nicht ihre Ziele. Dies liegt nicht selten daran, dass sie die menschliche Natur systematisch ignoriert. So ist vielfach die Festlegung von Quoten für schutzbedürftige Gruppen kontraproduktiv. Besondere Schutzvorschriften für diese Gruppen erweisen sich oft als erhöhte Eintrittsbarrieren, verschlechtern also die Chancen der Integration. Diese Tendenz lässt sich bei so verschiedenen Gruppen wie Frauen, Farbigen, Kinderreichen oder Behinderten beobachten.

Der *fall-out* exzessiven Individualismus, manifest in geringer Kinderzahl, häufigerer Scheidung, höherer Erwerbstätigkeit, geringerer ehrenamtlicher Tätigkeit, immer mehr Ein-Personen-Haushalten, ist keineswegs eine Glückswoge gewonnener Emanzipation. Das Gefühl von Leere, Mangel an Geborgenheit, Verlust von treuer Partnerschaft scheinen mit der neuen Wirklichkeit verbunden zu sein.

Politikwandel schon sichtbar?

Die ungeheuerlichen Kosten der Subvention unrettbarer Industrien sind in Deutschland vielfach besichtigungsfähig. Die Rettungskosten sind über Jahrzehnte bereits oft um ein Vielfaches höher als die vollständige und lebenslange Alimentierung der in diesen Sektoren Beschäftigten. Kaum irgendwo ist die Verschwendung staatlicher Mittel mit grösseren Hebeln ausgestattet als bei den Subventionen. Dem kommt lediglich der Bau von Sozialwohnungen nahe, der wohl weltweit teuersten Form der Bereitstellung von preiswerten Wohnungen für geringer Verdienende (oder die, die es einmal in ihrem Leben waren). Auch die Förderung von Investitionen durch Prämien und Sonderabschreibungen ist wohl viel teurer (vor allem, weil sie Investitionsruinen in beachtlicher Grössenordnung produzieren) als eine Erhöhung der Risikobereitschaft durch niedrige Ertragsbesteuerung (Körperschaftsteuer, Einkommensteuer, Gewerbeertragsteuer).

Alle diese Erfahrungen haben bislang keine Politikkorrektur ausgelöst. Deutschland wurde 1995, nachdem es bislang schon Hochsteuerland war, zum Höchststeuerland. Die schon legendäre Subventionsmentalität wurde im Gefolge der deutschen Einigung kräftig ausgeweitet. Auch in der Sozialversicherung, einer zwar alten und ehrwürdigen Einrichtung, die wegen der dramatischen, demographischen Änderungen nach der Jahrtausendwende vor dem Kollaps steht, marschiert man entschlossen weiter in die als gefährlich erkannte Richtung: Die Einführung der kollektiven Pflegefallversicherung ist geeignet, den Bruchpunkt früher heraufzubeschwören. Es macht keinen Sinn für die grundsätzlich auf Vollkasko eingestellte Politik, die Politiker vor allem oder gar alleine verantwortlich zu machen. In vielen Fällen, an der privaten Krankenversicherung aber ganz offenkundig, wird deutlich, dass unsere Schwäche ein gesellschaftliches Problem ist. Die privat Versicherten, die prinzipiell ihre Beiträge durch eine Selbstbeteiligung reduzieren könnten, weil sie in solchen Tarifen nicht jene mit «durchfüttern» müssen, die Leistungen exzessiv in Anspruch nehmen, sind fast alle in einem Vollkaskotarif.

Die Vergreisung der Gesellschaft

Die grossen Herausforderungen, die aus den demographischen Entwicklungen resultieren, erfordern neue Strukturen des Wohlfahrtsstaates. Wer heute von künftigen demographischen Problemen spricht, trifft auf viel Skepsis. Das ist verständlich, wenn man daran denkt, wie die Zeit immer gnadenlos über die Projektionen von Bevölkerungsschätzungen hinwegging und sie zur Makulatur machte.

Die Frage ist, brauchen wir uns deshalb um dieses keine Gedanken zu machen? Können wir davon aufgehen, dass die Zukunft die demographischen Probleme schon irgendwie richten wird? Ich glaube, das wäre ausserordentlich leichtfertig. Erstens: Über die Frage, wie gross die Zahl der Mütter im Verlauf der nächsten 25 Jahre ist, brauchen wir praktisch nicht mehr zu spekulieren. Heute wird man selten vor 25 Mutter. Insofern ist die Aussage die ich gemacht habe, deshalb klar, weil alle Mütter bis in 25 Jahren heute geboren sind. Jetzt müssen wir uns noch überlegen, wie die Geburtenfreudigkeit der Mütter sich im Verlauf der nächsten Zeit entwickelt. «It's a safe bet» in Deutschland nicht nach oben! Das ist selbst dann nicht der Fall, wenn die Bereitschaft, Kinder zu haben, grösser wird. Denn in der nächsten Zeit werden die äusseren Umstände, Kinder zu haben, ungünstiger werden.

Frauen haben eine so gute Ausbildung erhalten, dass sie in Zukunft natürlich eine höhere Erwerbsquote haben werden. Und sie werden genau wissen, dass sich nach ihrer Ausbildung zuerst einige Berufsjahre haben müssen, bevor sie eine Familie gründen können, wenn sie ihr Human-Kapital nicht wirklich total gefährden wollen. Da das so ist, wird die Erstgeburt verschoben. Wenn die Erstgeburt verschoben ist, dauert es länger, bis wir mehr Kinder haben können. Wir sollten uns also klarmachen, dass die Erwartung einer nennenswert höheren Geburtenhäufigkeit für die nächste Zelt unrealistisch ist.

In Westdeutschland haben wir die niedrige Geburtenquote bereits seit 1975. In den neuen Bundesländern gab es vor allem in den letzten Jahren dramatische Veränderungen. Nach der Einigung ist die dort schon niedrige Geburtenhäufigkeit auf die Hälfte zusammengebrochen, die Heiratsquote auf 60% – allerdings erholt sie sich jetzt wieder. Man sieht daran, wie existentiell der Umbruch für die Menschen in den neuen Bundesländern war.

Der zweite Sachverhalt – noch einmal auf die inländische Bevölkerung bezogen – ist die Veränderung der Lebenserwartung. 1960 lag die durchschnittliche Lebenserwartung eines neugeborenen Mädchens bei 72 Jahren, jetzt beträgt sie 79 Jahre. Bei Jungen war sie 67 Jahre und ist nun gestiegen auf 72 Jahre. Wir haben also auch wegen der steigenden Lebenserwartung künftig eine systematische Vermehrung der Zahl der durch Beitragszahler zu finanzierenden Renten. Um das Ganze bildhaft auszudrücken: Aus unserer Bevölkerungspyramide etwa zur Jahrhundertwende sind wir nun mehr und mehr bei einer Urne angekommen. Ich hoffe dass das nicht ein Omen ist.

Wir sollten wissen dass es dann eine Spitze an Belastungen für die Gesundheits- und Altersversorgungs-Systeme geben wird, wenn der Nachkriegs-Babyboom – die starken Geburtenjahrgänge der 50er und 60er Jahre – ihrerseits ins Rentenalter kommen. Dies ist die Phase, in der das deutsche Umlageverfahren in ganz besondere Bedrängnis kommt. Zwischen 2015 und 2040 ist diese Dramatik ganz besonders hoch.

Das sind die dramatischen Veränderungen von der inländischen Bevölkerung her. Nun kann man sagen, wird das nicht möglicherweise durch Zuwanderung verändert?

In Europa gibt es noch genau zwei Länder, aus denen Überschussbevölkerung zur Wanderung potentiell drängen mag. Das ist Irland und das ist Polen. Die Iren gehen nach Chicago, nicht nach Frankfurt. Die Polen haben, seit sie in ihrem Land wieder Hoffnung geschöpft haben, die Wanderung, die von 1987 bis 1991 zu beobachten war, weitgehend eingestellt. Noch einmal: Aus diesem Land gäbe es immer noch potentiell Auswanderer – unterstellt, die ökonomische Entwicklung verbliebe dort. Aber es ist das einzige Land. Alle übrigen europäischen Länder haben das gleiche demographische Problem wie Deutschland, aber nicht in der gleichen Schärfe. Nur Dänemark und Italien haben das in gleicher Schärfe wie wir.

Die Zuwanderung, die überhaupt für Europa und für Deutschland ein solches Problem potentiell lösen könnte, wäre Zuwanderung von ausserhalb unseres Kontinents. Zu denken ist vor allem an Nordafrika und an den mittleren Osten, d.h. potentielle Zuwanderer sind überwiegend Moslems. Auch wenn wir tolerant wären, wofür nicht viel spricht, würden die sozialen Kosten der Integration hoch sein und deshalb nicht in gleicher Weise ökonomisch vertretbar sein, ganz abgesehen vom gesellschaftspolitischen Aspekt. Zuwanderung kann also nicht die Zauberlösung unserer demographischen Probleme sein.

Haben wir unveränderte Leistungsversprechen in der Rentenversicherung, dann müssten die Beiträge entsprechend dem Anstieg der Rentnerzahl und dem Zurückgehen der Beitragszahler steigen. Die Frage ist, werden sich Beitragszahler dieses gefallen lassen? Ist eine weitere Erhöhung der Beitragslast möglich?

KOHL sagte 1982: «Jede Belastung über 50% ist Marxismus.» Recht hat er. Marxismus ist überall gescheitert. Er wird auch in West-Deutschland scheitern. Es ist, glaube ich, sehr wichtig, dass wir wieder erkennen, dass das Kapital-Deckungsverfahren zu wesentlich besseren Ergebnissen führt als das Umlageverfahren. Bei Kapitaldeckung entstehen Einkommen und Leistungsfähigkeit, die sonst nicht entstünden, weil dank der erhöhten Kapitalbildung ein moderner Produktionsapparat zur Verfügung steht.

Wenn wir uns für das Kapital-Deckungsverfahren entscheiden, stellt sich die Frage, wie die angesparten Gelder anzulegen sind, um in Zukunft bei einer schrumpfenden und einer älter werdenden Bevölkerung für die dann zu zahlende Altersversorgung wirklich Erträge erwarten zu können. Falsch wäre es, aus vergangenen Wertentwicklungen für Vermögensgegenstände abzuleiten, was sachgerechte Investitionen für ein privates Kapital-Deckungsverfahren sind.

Wenn wir in 30 oder 40 Jahren viele Wohnungen haben, aber niemanden, der darin wohnt, wird der Ertragswert der Wohnungen vergleichsweise bescheiden sein. Wir sollten langsam lernen, dass es auf Ertragswerte nach Inflation und nach Steuern ankommt. Und wir müssen uns gemeinsam darüber Gedanken machen, welche Investitionen in 30 Jahren produktive Erträge in diesem Sinne erbringen. Aus diesem Grunde bewundere ich beispielsweise die Japaner: denn deren Orientierung bei Direkt-Investitionen liegt dort, wo die jungen «Tiger» ihrer Region zu finden sind. In produktiven Anlagen, in Ländern mit vitaler Bevölkerung und einer verlässlichen, stabilen Ordnung.

Wir können nicht von heute auf morgen von dem jetzigem System auf das neue überspringen. Wer jedoch den Übergang verzögert, wird die Probleme viel grösser und viel gefährlicher machen, und zwar mit jedem Jahr, mit dem der Umbau verschoben wird. Wir müssen beide Systeme natürlich nebeneinander laufen lassen. *Pacta sunt servanda* – alte Rechte gelten, d.h. die Ansprüche, die in der kollektiven Versicherung angesammelt wurden, müssen berücksichtigt werden. Wir werden das Kapital-Deckungsverfahren sozusagen nur Jahresring für Jahresring einführen können.

Chancen für einen neuen Gesellschaftsvertrag

Die Zähigkeit mit der die Arbeitslosigkeit auf hohem Niveau verharrt, der Umstand, dass die Zahl der Empfänger von Transferzahlungen wegen der absehbaren Vergreisung Deutschlands die Mehrheit der Wähler ausmacht, lässt bei vielen jede Hoffnung auf eine Wende schwinden. Wie soll, insbesondere in einer Demokratie, ein Wandel unter solchen Umständen zustandekommen?

Die Antwort darauf lautet: Wie immer in einer Demokratie. Indem sich die, die faktisch benachteiligt, also Aussenseiter sind, gemeinsam und engagiert für Änderungen einsetzen, Marketing für sich und ihre Interessen machen. Dabei dürfte es wichtig sein, dass Meinungsführer die Effizienzfragen aufwerfen und die Wertedebatte neu entfachen. Der neue Gesellschaftsvertrag muss nicht nur eine bessere Grundlage für Wohlstand für alle (und nicht für die von Korporativisten geschützten Grossgruppen allein) sein, sondern auch für eine im Ergebnis menschlichere, sozialere Welt sein. Die Kosten der Anonymisierung der Gesellschaft müssen ins Kalkül genommen werden. Das Gewebe unserer Gesellschaft muss mehr sein als eine Verbindung atomisierter Individuen in einem grossen Staatsschiff à la Titanic, einem angeblich unsinkbaren Schiff.

Das Gewebe unserer Gesellschaft bedarf wieder der Mikrostrukturen, die Selbständigkeit, Stolz und Verantwortung ermöglichen, die ihre eigene Kontinuität sichtbar und spürbar machen. Das Weitergeben von Leben, das für das Überleben mindestens so wichtig ist wie das Engagement für unsere Umwelt, muss ebenso wiederentdeckt werden. Gleiches gilt für die Verantwortung für die Elterngeneration, die gewichtiger wird, da die Lebenserwartung steigt. Lebens- und liebenswerte Integration von wenigstens drei Generationen als Aufgabe für Gestaltung des Erwerbslebens einschliesslich der Ehrenämter, gehören hier ebenso genannt, wie eine Umgestaltung von Steuer- und Sozialsystemen hin zur Förderung von Selbstverantwortung auch in der Familie. Nur mit intakten Familien lässt sich die nächste Stufe der Wertedebatte erklimmen, nur so sind Werte vermittelbar. Die *res publica* baut sich von der Familie aus auf. Dort müssen Verantwortung für kleine Gruppen in Kirche, Sportvereinen, Gemeinden, Parteien und Gewerkschaften geweckt werden. Wahrscheinlich werden viele dieser Prozesse erleichtert, wenn unsere Gesellschaft im grösseren Umfang Gottesbezug ebenso wieder erwägt, wie wagt. Dies wird den Blick über den Tag, über den Tod hinaus möglicher machen. Dies wird helfen, die Analyse nicht so oft beim «Ich» oder doch spätestens an der Landesgrenze abzubrechen. Wer sich als Aufgeklärter einer solchen Überlegung gar nicht nähern kann, mag sich doch für einen Moment den kulturellen Selektionsprozess klar machen, den familiendesinteressierte westliche Gesellschaften für sich faktisch forcieren: Ihre Auslöschung binnen weniger Generationen.

Den neuen Gesellschaftsvertrag können nur jene begründen, die heute zu den Aussenseitern zählen, oder jene, die durch einen Erkenntnisprozess ihre derzeitige Haltung ändern. Die erste Gruppe scheint mir für einen raschen Wandel die wichtigere Kraft.

- Eine erste Gruppe, die demnächst die Renovierung unseres Gesellschaftsvertrags betreiben wird, sind die Menschen und insbesondere die lokalen Politiker in den neuen Bundesländern. Die Aufgaben dort sind immens, die staatlichen Mittel trocknen bald aus. Privates Engagement ist erforderlich, es muss sich lohnen. Modelle für Technologiefreundlichkeit, Bürokratievermeidung, für Privatisierung werden dort zunehmend als einzige Erfolgsmodelle erkannt. Wenn dies in Westdeutschland wahrgenommen wird, brechen auch hier Verkrustungen auf.

- Eine zweite Quelle für Erneuerung in Deutschland sind internationale Einrichtungen, insbesondere die EU und hier vor allem Kommission und Europäischer Gerichtshof. Wir sind nach wie vor nur begrenzt fähig, unsere eigenen Verteilungskoalitionen (Mancur Olson) aufzubrechen. Die europäischen Institutionen sollten Wettbewerb als öffentliches Gut für ein verfilztes Deutschland bereitzustellen in der Lage sein. Wettbewerb im Luftverkehr, bei der Energieversorgung, Öffnung unseres Telekommunikationsmarktes sind nur einige, freilich wichtige Beispiele.

- Die für mich freilich bedeutendste Ressource für einen neuen Gesellschaftsvertrag in Deutschland sind die jungen Menschen. Wohl nur wegen alter Reflexe haben wir unsere jungen Menschen (zumeist) ganz gut ausgebildet. Derzeit demonstriert die korporativistisch organisierte Gesellschaft jedoch ihre ganze Bereitschaft, die, «die drin sind», gut zu schützen und den Jungen die Konsequenzen zuzumuten. Einstellungsstop statt fairen Wettbewerb unter den Generationen. Zudem tragen die Jungen die Altenlast ohne eine echte Chance zu haben, später aus der Sozialversicherung auch nur in einigermassen vergleichbarer Weise versorgt zu werden. Das Bewusstsein, doppelt zu zahlen, für sich selbst ganz allein sorgen zu müssen, wird zur Frage führen, warum Selbstverantwortung nicht zu einem umfassenden, für alle gültigen Konzept werden kann. Junge haben Alternativen, sie können notfalls auswandern; dies wird ihre Stärke sein, trotz ihrer zahlenmässig geringen Grösse.

Deutschland wird bald gründlich diskutieren. Das Motto «keine Experimente» war zu lange dominant. Wir werden Risikobereitschaft belohnen und Selbstverantwortung übernehmen müssen. Die Zeit der Vollkaskogesellschaft ist vorbei. Für die, die es nicht glauben (wollen), wird die Zeit knapp. Aber als Lohn für den schmerzhaften Neubeginn winkt nicht nur Wohlstand für alle, sondern auch mehr gelebte statt vorgeschützter Solidarität.

****

R.J. Zwi Werblowski

Modernisierung, Säkularisierung und Neue Religiosität – am Beispiel Japans

Die Vortragsreihe, in deren Rahmen ich heute sprechen darf, hat als Gesamttitel «Wandel der Weltgesellschaft», ein Titel also, der es mir ermöglichen sollte, mich auf den bedeutendsten Wandel in der Menschheitsgeschichte, nämlich den vom Mesolithicum zum Neolithicum zu konzentrieren. Mein halbinstinktiver Verdacht, dass mit der freundlichen Einladung des Instituts für Auslandsforschung vielleicht Anderes gemeint sein könnte, und dass sowohl chronologisch und sachlich, als auch menschlich und gesellschaftlich andere Träger bzw. Opfer des Wandlungsprozesses angesprochen werden sollten, bestätigte sich dann bei näherem Kontakt.

Es gab nie eine Zeit in der kein Wandel stattfand, auch wenn dieser sehr langsam vor sich ging. (Lévi-Strauss unterschied einmal zwischen «kalter» und «heisser» Historie). Man könnte eher umgekehrt fragen, warum gewisse Kulturen ihre Wandlungsprozesse leugnen, oder nur als Degeneration sehen, zu welcher der gewünschte Wandel sich dann als reformatorische Rückkehr zu den Ursprüngen (wie Luthers Reformation, oder gegen Ende des 19. Jahrhunderts *osei fukko,* die Meiji-«Restauration» in Japan) darstellt. Andere wieder sind so sehr von ihrem Wandlungsbewusstsein eingenommen, dass sie anderen Gesellschaften und Epochen Mangel an Wandlung oder gar an Wandlungsfähigkeit zuschreiben. Es genügt an Chinas «ewigen Stillstand» (so Hegel) bzw. «geschichtslose Geschichte» (so Ranke) zu erinnern – und schon bin ich bei meinem Schutzheiligen, nämlich Max Weber, angelangt. Denn was auf deutsch «die Moderne» genannt wird, ist doch Bezeichnung eines ganz besonderen Wandels, dem es nicht an zum Teil sachlichen, zum Teil definitorischen Problemen und Besonderheiten gebricht. Doch noch bevor wir auf inhaltliche Fragen eingehen, verlangen zwei Spezifika des modernen Wandels besondere Erwähnung.

Da wäre an erster Stelle Akzeleration zu nennen. Der Erste, der meines Wissens auf dieses Phänomen aufmerksam machte, war der französische Enzyklopädist und Nationalökonom TURGOT, der schon im 18. Jahrhundert darauf hinwies, dass jede historische, wissenschaftliche und technologische Entwicklung den Prozess als ganzes beschleunigte und so den nächsten Schritt näher brachte. Erlauben Sie mir, es hier nicht bei einem allgemeinen Verweis zu belassen, sondern das Phänomen mit Beispielen aus anderen Fakultäten zu illustrieren. Die durch einen Kondensator von JAMES WATT verbesserte Dampfmaschine (1780) brauchte 100 Jahre, um die Welt gründlich zu verändern. Die elektrische Maschine tat es in 50 Jahren, der Verbrennungsmotor in weniger als 30, die GEISSLERSCHE Vacuumröhre in weniger als 15 Jahren. Die Beispiele liessen sich beliebig vermehren, *notabene* auf dem Gebiet der Biologie und Medizin. Nur ein besonders brisanter Fall sei noch genannt, weil wir am Anfangsstadium seiner Entwicklung stehen und im Moment noch gar nicht absehen können, wie weltverändernd diese sein wird: die Digitalrevolution. Und ich meine nicht ihre Bedeutung für die Wissenschaft (EDV), sondern die Rolle von WWW, Internet und dergleichen im Wandel der Weltgesellschaft und Kultur.

Dazu kommt die zunehmende Bewusstwerdung dieses Prozesses. Wandel ist nicht nur bewusst, sondern, um es übertreibend zu sagen, selbstbewusst und beabsichtigt. Man kann mit HERAKLIT oder dem Buddha sagen, dass *panta rhei* und nur die Impermanenz permanent sei, doch sich prinzipiell dem Wandlungsprozess zu verschreiben, ist etwas ganz anderes. Auseinandersetzung mit und Teilnahme an dem Faktum des Wandels ist notwendiger Teil des Selbstverständnisses und der Selbstinterpretation des modernen Menschen. Das haben jedenfalls auch Nichthegelianier von HEGEL gelernt und ich übergehe hier andere relevante Aspekte von HEGELS

Denken, z.B. die Tatsache dass er (wie KARL LÖWITH gezeigt hat) der grosse Apostel der Säkularisierung war, obwohl das Wort bei ihm nicht vorkommt. Das christliche Modell eschatologisch orientierter «Heilsgeschichte» wird auf die Weltgeschichte projiziert, was ja letzten Endes auch heisst, dass Weltgeschichte zur Heilsgeschichte erhoben wird. Diese an den Positivismus erinnernde Sicht können wir heute wohl nicht mehr so ohne weiteres übernehmen, doch enthält sie ein anderes Attribut unseres Verständnisses von Wandel, welches schon im Titel dieser Vorlesungsreihe explizit ausgesprochen ist: «Weltgesellschaft», ein Begriff der ja auf unserem schrumpfenden Planeten erst durch das Phänomen der Globalisierung konkret geworden ist. Und mit diesem Begriff haben wir auch schon die Misere unseres Diskurses aufgedeckt. Denn nicht nur die mit dem Wort gemeinten *significanda,* sondern auch das *siqnificans* «Moderne» ist ein westliches Kulturprodukt. Es hat wenig Sinn, sich wegen heutzutage obligater und «politisch korrekter» Angst vor neo-imperialistischen, neo-kolonialistischen usw. Ethnozentrismen die Augen vor der Tatsache zu verschliessen, dass Moderne, wie immer definiert (indexisch, typologisch, weltakkulturativ, evolutionär, unter Benutzung von Begriffen wie Rationalisierung, Diffusion, säkulare Normen, Zunahme von demographischer Mobilität und wirtschaftlichem Wachstum, Veränderungen im Verhältnis primärer, sekundärer und tertiärer Arbeit usw.), wie auch die Terminologie in der sie verhandelt wird – auf Letztere komme ich noch zurück – *made in the west* sind. Gerade angesichts dieser Globalisierung kommen wir nicht um den Unterschied zwischen «endogener» und «imitativer» (d.h. durch Anstoss von aussen provozierter) Modernisierung herum. Es erübrigt sich natürlich zu betonen, dass dies keineswegs heisst, dass jeder Modernisierungsprozess eingleisig nach westlichem Modell verläuft. Schon vor 30 Jahren ermahnte uns SHMUEL EISENSTADT in Kulturen und Gesellschaften nach Parametern von Moderne zu suchen, die von den in Europa entwickelten verschieden sind. Modernisierung ist kein Entwicklungstrend, der sich durch spezifische und uniforme Eigenschaften, welche irreversibel in eine vorbestimmte Richtung gehen, definieren lässt. Sie ist ein Prozess, oder vielleicht eher eine Reihe von Prozessen mit einem gemeinsamen Kern, welcher ähnliche Probleme erzeugt, auf welche aber vielfältige Antworten möglich sind. All dies sind Gemeinplätze, bei denen es sich nicht lohnt zu verbleiben, obwohl das Problem in seinem tiefsten Wesen nicht völlig zu exorzieren ist. Selbst ein so hervorragender Islamforscher wie SIR HAMILTON GIBB gab vor Jahrzehnten mit offensichtlichem Verdruss zu: «Ob wir wollen oder nicht, Modernisierung heisst Westernisierung». Vielleicht wurde er heute, angesichts der zum Teil von Technikern geleiteten islamischen Fundamentalistenbewegungen, sein Urteil etwas revidieren.

Ich habe, vielleicht von Ihnen unbemerkt, im Vorausgehenden ein Wort eingeschmuggelt, welches die Problematik des westlichen Ursprungs der Moderne noch problematischer macht. Das ist der Begriff Säkularisierung. Was ist hier Vater, was Kind, was notwendige oder nicht notwendige Begleiterscheinung? Im westlichen Diskurs wird Säkularität fast immer als wesentliches Definitionselement und als unvermeidliches Attribut von Modernisierungsprozessen evoziert. Glücklicherweise für Sie und für mich gebricht es uns an der Zeit, um auf die Geschichte dieses Begriffs einzugehen. Hier haben wir ein Wort, welches als zentraler sozialwissenschaftlicher *terminus technicus* dient, universalisierend angewandt wird, dabei aber wie fast kein anderer Begriff zutiefst in den Spezifizitäten europäisch-christlicher Geschichte verwurzelt ist. Die Scheidung von «Welt» *(saeculum)* und Himmelreich bzw. Kirche, der Investiturstreit als Paradigma für die Entstehung des (modernen westlichen) Staates als ein Säkularisationsvorgang (BÖCKENFÖRDE), die Enteignung kirchlichen Besitzes (Westfälischer Friede 1648), die Aufklärung, die Emanzipation von Wertvorstellungen von ihren Legitimierungen durch religiöse Instanzen und die soziale Marginalisierung und kulturelle Privatisierung von Religion führten dann, so sagt man uns, zu einer weiteren, als Triumph des Protestantismus gefeierten Scheidung: nicht nur zwischen *saeculum* und *ecclesia,* sondern auch zwischen Religion und Kirche. Diese These muss, bevor wir den Westen in Richtung Ostasien verlassen, ausdrücklich erwähnt werden. Säkularität wird von den einen als das Unglück der Moderne beklagt, von anderen als frohe Heilsbotschaft gefeiert. Mit Anleihen bei MAX WEBERS Entzauberung und Entgötterung der Welt wurde schon vor BONNHOEFER die Säkularität zur Vorbedingung des echten Christentums proklamiert: «Gott befreit uns aus den Händen der Götter ... durch Gott wurde die Welt entgöttert» (C.F. VON WEIZSÄCKER). Zu Recht hat H. BLUMENBERG in seinem Buch *Säkularisierung – Kritik einer Kategorie geschichtlichen Unrechts* gegen diese theologische Vereinnahmung der Moderne protestiert. Hier wird es immer schwieriger, zwischen theologischer Ideologie und soziologischer Analyse zu unterscheiden. Ist Säkularität ein analytischer oder ein ideenpolitischer Begriff bzw. (im Soziologenjargon) ein zeitgenössisches Interpretament? Jedenfalls ist es nicht uninteressant zu sehen, wie westliche Selbstkritik, die dann von anderen übernommen wurde und auf diesem Umweg im Westen noch einmal re-rezipiert (E. SAIDS *Orientalism* ist wohl nicht nur das dümmste, sondern auch das erschreckendste Beispiel) zu einer zeitgenössisch-modisch akademischen Version des mittelalterlichen Flagellantentums erhoben wird. Jedenfalls scheint diese obsessive Ideologie- und Selbstkritik («ethnozentrisch», «eurozentrisch», um von neoimperialistisch und neokolonialistisch ganz zu schweigen) kulturspezifisch für den Westen zu sein. Sie findet sich in dieser Form nicht in anderen Gesellschaften. Das heisst, dass man sauberer zwischen Westernisierung und Modernisierung unterscheiden sollte und unter letzterer verstehe ich, in Anlehnung an ROBERT BELLAH, auch «the modernisation of the soul». Eine rein äusserliche, doch meines Erachtens umso bedeutungsvollere «Westernisierung» symbolisiert der Kalender. Die ganze Welt (vielleicht mit Ausnahme von GHADDAFIS Lybien) schickt sich an, das Jahr 2000 als ein Datum von höchst eminenter Bedeutung zu begehen. Die Massenmedien drehen schon vorbereitend auf vollen Touren und selbst die «neuen Religionen» in Japan reden von dem kommenden «heiligen 21. Jahrhundert» in beinahe heilsgeschichtlichen Tönen. Dies, und nicht die dürftige Anzahl der von Missionaren geretteten Seelen, ist der wahre Triumph des Christentums!

Doch zurück zur Modernisierung = Säkularisierung These. Vieles scheint *prima facie* einleuchtend, doch mangels einer befriedigenden Definition von Religion ist die These schwer zu erhärten. Ich bin von der Notwendigkeit einer solchen Definition nicht überzeugt, und die Religionswissenschaft hat bewiesen, dass sie auch ohne eine solche beträchtliche Erfolge verbuchen kann. Doch Säkularisation, was immer sie bedeuten mag, bedeutet auch Verlust von kirchlicher oder anderer Art von «Religiosität» und setzt eine Vorstellung letzterer voraus. Daher auch immer wieder die Überraschung, wenn trotz, oder vielleicht gerade wegen Modernisierung religiöse Phänomene (ob Erweckungsbewegungen, Sektengründungen, fundamentalistische Reaktionen, mit Okkultismus oder Exotik kokettierende «Geistigkeit») registriert werden. Daher auch der Überraschungsfaktor im Phänomen Japan, welches uns vielleicht helfen kann, unser Problem in etwas weiterem Rahmen zu formulieren.

Ich erwähnte schon den Unterschied von endogener und imitativer bzw. sekundärer Modernisierung. Bei letzterer könnten wir auch von sekundärer Akzeleration sprechen, d.h. dass man bei einem beliebig letzten Punkt einsetzen kann, ohne die früheren Entwicklungsstadien durchlaufen zu müssen. Eine Drittwelt-Stadt kann mit Autobusverkehr und elektrischer Beleuchtung beginnen ohne vorherige Trambahn und Gasbeleuchtung. Japan hat nach 1869 in wenigen Jahrzehnten vollbracht, was in Europa über ein Jahrhundert brauchte. Der Umbruch in Japan war vom Entstehen neuer Religionsgruppen (ich wähle diesen Ausdruck weil ich mich nicht in terminologischen Diskussionen bezüglich Religion, Kirche, Sekte usw. verlieren will) begleitet, welche deutlich teils vom Shinto, teils vom Buddhismus, doch alle gleichermassen von der herkömmlichen «Volksreligion» beeinflusst waren. Da die ersten dieser Bildungen schon vor der eigentlichen «Meiji Restauration» entstanden und noch dazu in den ärmsten und unter Entbehrung darbenden Schichten der Landbevölkerung, sollten wir uns hüten, diese Entwicklungen, jedenfalls nicht an ihrem Anfang, mit «Modernisierung» in Zusammenhang zu bringen. Überhaupt sollte man sich vor Verallgemeinerungen hüten. In Europa war das 18. Jahrhundert ja nicht nur das Zeitalter der Aufklärung, sondern auch des Pietismus. Der Zürcher LAVATER war Zeitgenosse des MOSES MENDELSSOHN, den er ins Grab brachte, und die Mormonen sind ja nur eine der vielen, oft mit eschatologisch-apokalyptischen Elementen durchsetzten Gründungen des 19. Jahrhunderts! Auch die meisten japanischen *shinshukyo* («neuen Religionen») haben millenaristische Züge, die dem Publikum und den Medien nur mangels einfacher historischer Kenntnisse als besonders erscheinen. Für unsere Generation und für das heutige Japan ist Herr SHOKO ASAHARA sicher ein warnendes Zeichen an der Wand. Doch sollte man nicht vergessen, dass im Jahre 1853, weder vom Konfuzianismus noch vom Taoismus, sondern von der Bibel inspiriert, HONG XIUQUAN als Gottes zweiter Sohn und Bruder von Jesus in Südchina das «Himmelreich des Grossen Friedens» *(Tai Ping)* ausrief und bis 1864 grosse Teile Chinas mit Nanking als Hauptstadt beherrschte. Bei Zusammenbruch der Rebellion war das Fazit ungefähr 20 Millionen Leichen – eine auch für China nicht unbeträchtliche Zahl.

Mit der Erhebung des neuerfundenen Staatsschinto zur Nationalideologie wurden diese Neugründungen auch verfolgt und unterdrückt. Dennoch vermehrten sie sich – es fehlt ja nie an charismatischen Vermittlern göttlicher Offenbarung – und dann in ganz besonderem Masse nach dem Krieg, als die völlige konstitutionelle Trennung von Staat und Religion von der alliierten Besatzungsmacht erzwungen wurde. Die Nachkriegsnot, das darauf folgende Wirtschaftswunder, die sozialen und demographischen Verschiebungen (Verstädterung, Zusammenbruch der traditionellen Grossfamilie) und das Wertevakuum, auf welches die in ihrem Ritualismus versteinerten buddhistischen und schintoistischen «Establishments» keine Antwort zu geben vermochten – über Zen als einer der erfolgreichsten japanischen Exportartikel, doch ohne Bedeutung auf dem Innenmarkt will ich mich hier nicht auslassen – gaben diesen Neugründungen andauernde Anziehungskraft. Der Prozess scheint weiter zu gehen und die japanischen Kollegen unterscheiden seit den 80er Jahren schon zwischen «new religions» und «new new religions». Ich selbst spreche sogar von «neo-new-new-religions». Die *Mahikari-Gruppe* entstand in den 60er Jahren, *Agon-shu* in den 70er, *Shinri-kyo* und *Kofuku* erst Ende der 80er Jahre. Der ausgesprochen magische Charakter, der ja allen japanischen Religion eigen ist, doch in den «neuen Religionen» besonders krass hervortritt (Geisterglaube, Wunderheilungen und so manches mehr), soll uns nicht dazu verleiten, schablonenhaft von «prämodern» zu reden, was ja nichts anderes heissen würde, als die schon evozierte «modernisation of the soul» westlich zu definieren. Natürlich sind Moderne und Hochtechnologie nicht dasselbe. Man kann «prämodern» sein und sich dabei instrumental der letzten Elektronik und Computertechnik bedienen, um von der Produktion von Nervengas ganz zu schweigen.

An dieser Stelle ist eine kurze Bemerkung zum Thema Magie angebracht, da ohne diese die japanische Religion (und nicht nur sie!) unverständlich bleibt. Für so manche Anthropologen sind Religion und Magie identisch, da gleichermassen «irrational». Im theologischen Sprachgebrauch des Westens sind Religion und Magie Gegensätze. Beide Positionen sind richtig. Denn die Unterscheidung und Gegenüberstellung der beiden stellen kulturspezifisch das Selbstverständnis der biblischen Religion und ihrer westlichen Nachfahren dar. Sie haben im Rahmen der westlichen Kultur auch den Vorteil, die Unterscheidung zwischen Religion und «entzauberter» Wissenschaft religiös zu legitimieren. In anderen Kulturbereichen liegen die Dinge anders, und in Abwandlung eines englischen Sprichworts würde ich sagen: «One man's religion is another man's superstition». Hier müssen wir deskriptiv und nicht «nomisierend» prespriktiv vorgehen und dabei auch manche unserer Annahmen bezüglich «kognitiver Dissonanz» revidieren. Auf die Gefahr hin, als soziologischer Reduktionist ausgescholten zu werden, muss ich darauf hinweisen, dass auch Dissonanz kulturspezifisch ist. Was einer Kultur als Inkompatibilität erscheint, wird in einer anderen Kultur als unproblematisches Mit- oder Nebeneinander gesehen.

Bei Fragebogen-Enqueten bezeichnen sich die meisten Japaner als «unreligiös». Das sagt vielleicht weniger über Religion aus und mehr über die Fragebogensoziologie. Ich möchte abschliessend unser Thema, welches ich zugestandenermassen nicht befriedigend gelöst habe, nämlich das Verhältnis von Säkularisierung und Modernisierung, mit einem letzten Beispiel illustrieren. Japan ist das einzige Land, welches gegenwärtig wegen Geburtenrückgang und nicht wegen Bevölkerungsexplosion in Panikzustand ist. Dabei waren Präventivmittel (mit Ausnahme von Kondomen) unbekannt, oder (wie «die Pille») vom Gesundheitsministerium verboten. Die Erklärung des demographischen Wunders ist die legalisierte Abtreibung – das berüchtigte *yusei hoqo ho*-Gesetz. (Viele der von mir interviewten Frauen hatten 3 oder 4 Abtreibungen hinter sich). Die Abtreibungsindustrie der gynäkologischen Mafia produzierte eine weitere Industrie, an welcher die Tempelmafia der buddhistischen Priesterschaft sich bereichert: Requiemmessen für die Seelen der abgetriebenen Embryos. Um das Phänomen in seiner ganzen Komplexität zu verstehen, müssten wir Seelen- und Geisterkult, Ahnenkult, Furcht vor der Rache der zu Dämonen gewordenen unbefriedeten Seelen, Mitleid mit der unglücklichen Embryoseele, welcher, da nie geboren, auch die Wiedergeburt versperrt ist, sowie die Rolle des Buddhismus und der Voksreligion in diesem Vorstellungskomplex besprechen, doch ist dies nicht unser Thema. Auch gilt mein Interesse im jetzigen Zusammenhang nicht den buddhistischen Priestern, sondern den Frauen. Auf Fragebogen würden sie sich sicher als unreligiös, modern und säkular bezeichnen. Was treibt sie also zu Hunderttausenden in die Tempel, um durch die Rituale der Priester die Hilfe der auf Rettung von Kinderseelen spezialisierten *Bodhisattvas Kannon* und (hauptsächlich) *Jizo* zu erbitten? Abtreibung gab es natürlich immer, vielleicht heute mehr, da früher Infantizid vorgezogen wurde. Doch diese Art von Seelenritual bestand früher nicht. Sie ist neu. So enden meine Ausführungen nicht bei einer «neuen Religiosität», sondern bei einem neuen religiösen Ritual in einer modernen und technologisch hochentwickelten Gesellschaft.

****

HEINZ RIESENHUBER

TECHNOLOGIE, WISSENSCHAFT UND ERZIEHUNG VOR NEUEN HERAUSFORDERUNGEN

Ich danke für die freundliche Einladung, hier an der Universität Zürich über ein verhältnismässig komplexes Thema sprechen zu dürfen. Sie haben den Titel in die Reihe gestellt: «Wandel der Weltgesellschaft»; und das Thema für heute heisst: «Technologie, Wissenschaft und Erziehung vor neuen Herausforderungen». Wandel der Weltgesellschaft ist erstmal fast alles. Das Wichtigste dabei ist allerdings, dass die Weltgesellschaft überhaupt entsteht. Wir hatten vor vierzig Jahren eigentlich noch keine Weltgesellschaft. Vor vierzig Jahren gab es nationale Geschichten. Wenn man heute davon spricht, dass das Ende der Geschichte erreicht sei, weil hier tatsächlich alles einmündet in eine globale Gemeinsamkeit der Menschen, so ist dies eine neue Situation. Das Entstehen der Weltgesellschaft selbst, nicht der Wandel einer an sich vorhanden unterstellten Weltgesellschaft scheint mir also das eigentlich dramatische Kennzeichen dieser Epoche zu sein. Es ist ein Wandel in der Wahrnehmung. Wie dramatisch das ist, haben erst die letzten Jahre gezeigt: Denken Sie an die Frage der weltweiten Kommunikation, die Frage der Unbegrenztheit, der Verfügbarkeit von Informationen; der Kommunismus brach wesentlich auch zusammen am grenzüberschreitenden Fernsehen. Es ist nicht mehr möglich, einzelne Gesellschaften abzutrennen, es sei denn bei der Strafe ihres Niedergangs. Das heisst also: Der Wandel der Weltgesellschaft selbst ist ein Wandel in der Perzeption des Einzelnen. Zugleich ist es aber auch ein Wandel in den tatsächlichen Sachverhalten. Was lokal passiert, hat in unterschiedlichsten Bereichen zunehmend globale Bedeutung. Wenn ein Devisenhändler in Singapur sich verspekuliert, dann bedeutet dies nicht nur für eine Bank in England etwas, sondern für das Bankensystem insgesamt. Wenn in Afrika das Ebolavirus festgestellt wird, dann fragt man sich, ob dies zu einer weltweiten Seuche führen könne. Wenn die Hochtemperatursupraleitung in einem Land entdeckt wird, ist dies innerhalb von Stunden, von wenigen Tagen ein Thema für die gesamte weltweite wissenschaftliche Gemeinschaft. Im Grunde gibt es fast nichts mehr, was lokal bleibt, wenn es überhaupt bedeutend ist. Die Vernetzung wird immer vollständiger. Sie ist noch nicht vollständig, aber sie entwickelt sich.

Aspekte einer werdenden Weltgesellschaft

Nun werden wir heute, und dies ist eine begrenzte Erleichterung, nicht über die gesamte Weltgesellschaft zu sprechen haben, sondern bloss über einzelne Ausschnitte. Die einzelnen Gebiete wirken aufeinander. Ich werde hier viele relevante Bereiche überhaupt nicht, oder nur am Rande berühren. Die Frage, ob Friedenssicherung möglich sei und wie wir die entsprechenden Mechanismen aufbauen, die Frage der weltweiten Geld- und Kapitalströme, der Derivate und der Interdependenz der Börsen, die Frage der Tourismusindustrie, Aids, Themen ganz unterschiedlicher Art, das alles werde ich nicht behandeln. Ich werde bloss einige Punkte berühren, die in Zusammenhang mit der Wissenschaft und der Technik stehen. Aber dies ist tatsächlich fast alles, denn was die Welt zur Weltgesellschaft gemacht hat, ist im Grunde die Entwicklung der letzten zweihundert Jahre. Ich bin mir völlig im Klaren darüber, dass es auch zuvor kulturelle Integration gab; schon bei den Griechen gab es die Vorstellung des umfassenden, lebendigen Kosmos, in dem die Menschen zusammenleben. Allerdings wurden die Barbaren als jenseits der zivilisierten Welt betrachtet. Dass heute eine Welt alle erfasst, ist jedoch eine Leistung des Aufbruchs in den letzten zweihundert Jahren, eines Aufbruchs einer Wissenschaft, die zunehmend die Wirklichkeit verändert hat und zum Ursprung der modernen Technik geworden ist. Die Veränderung war die Veränderung in die Industriegesellschaft hinein. Diese Veränderung ist oberflächlich charakterisiert mit einer exponentiellen Beschleunigung aller relevanten Wachstumsprozesse, einer exponentiellen Beschleunigung des Wachstums der Zahl der Menschen auf dieser Erde, eines Zuwachses an Welthandel, einer Verbreitung aller Kenntnisse, usw. Das Wachstum der Weltbevölkerung beispielsweise, das heute offenkundig eines der grossen Probleme ist, hängt ebenso damit zusammen, dass ein Arzt, Semmelweiss war sein Name, sich mit dem Kindbettfieber befasst, damit ein Problem erkannt und eine Lösung dafür gefunden hat. Mit einem Mal haben mehr Kinder das Knaben- und Mädchenalter erreicht, sind erwachsen geworden und haben selbst wieder Kinder gehabt. Wissenschaft hat in einer sehr unmittelbaren und zentralen Weise die Wirklichkeit verändert – eine Wissenschaft, die nicht von vornherein Ursprung oder der einzige Ursprung von Technik war. Der Konstanzer Philosoph Jürgen Mittelstrass spricht davon, dass zu Beginn der Entstehung der Industriegesellschaft zwei grosse Ströme konvergierten. Die alte Tradition der Werkstätten einerseits, die einen Höhepunkt in der Renaissance hatten mit ihren Errungenschaften, dem Hebelgesetz, dem Seilzug, dem Festungsbau, dem Kanonengiessen; und andrerseits die alte Tradition der Schulen, die auf Archimedes, die Stoa, oder Euklid zurückgehen, – die Schulen, in denen der Geist sich selbst betrachtet und aus dem Betrachten seiner selbst ein neues Bild einer möglichen Wirklichkeit oft als Gegenentwurf zur vorhandenen Wirklichkeit gefunden hat. Sie beide kamen in einer Weise zusammen, dass das Denken sich zunehmend der Wirklichkeit anpasste, statt ihm in einem Kosmos von Ideen gegenüberzustehen. In dem Moment, wo das Denken sich der Wirklichkeit annäherte, hatte es die Möglichkeit gewonnen, sie zu verändern. Im Aufbruch der Technik brachten die Wellen der Innovation eine ganze Reihe neuer technischer Möglichkeiten: In der ersten Runde als eine Schlüsseltechnik die Dampfmaschine, – Kraft, die zu jeder Zeit verfügbar war, nicht nur wenn der Wind wehte, die überall verfügbar war, nicht nur dort, wo das Wasser lief; eine Veränderung der Produktionstechniken, nicht nur in der Weberei der Textilien; Veränderungen des Zusammenlebens, die Landflucht, der Aufbau der Städte; in der letzten Generation mit der Gründerzeit eine gewaltige Innovationswelle, die überall grosse Unternehmen entstehen liess mit deren Leittechniken, dem Stahlguss, dem Telefon, dem Telegraf, der schon damals stark von der Wissenschaft geprägten Pharmazie, dem Automobil.

Plötzlich ist eine Fülle ganz unterschiedlicher Techniken, alle in dieser Zeit, entstanden. Es gab da einen Ursprung von neuem Wissen, das neue Industrien geschaffen hat, neue Märkte, neue Problemlösungen, aber leise und manchmal erst spät erkannt auch neue Sätze von Problemen. Im Grunde vermute ich, dass bei allem demütigen Respekt vor der Kunst und der Musik, die eigentliche kulturelle Leistung dieser letzten zweihundert Jahre die Naturwissenschaft und die Technik gewesen sind. Was die Welt in ihrer Grundsätzlichkeit und der Mensch in seinem Selbstverständnis verändert hat, das war Wissenschaft und das war Technik.

Nun sind wir heute durch einen offensichtlichen Qualitätssprung mit einer neuen Wirklichkeit und damit mit einem grossen Satz neuer Fragen konfrontiert. Sie schreiben in ihrem Thema: «...vor neuen Herausforderungen». Die Wirklichkeit ändert sich, das ist das eine! Darüber wird zu sprechen sein. Die Frage, worin die Herausforderung besteht, ist von einer ziemlich umfassenden Komplexität. Die Herausforderung ist im Grunde die Frage, inwieweit wir hier eine supponierte Eigendynamik der Technik als gegeben hinnehmen und glauben, dass uns nichts bleibt, als uns überrollen zu lassen, oder inwieweit wir uns selbst als Herr des Verfahrens der Geschichte der Gestaltungsmöglichkeiten verstehen. Es gilt hier erstmal nur eine Vermutung: Ob man gestalten kann, weiss man in der Regel erst hinterher. Es gilt aber andererseits doch das schöne Prinzip der pascalschen Wette: «Wenn man nicht daran glaubt, dass etwas zu gestalten sei, hat man sich von der Gestaltung schon verabschiedet.» Ich weiss, dass dies eine notwendige, aber keine ausreichende Bedingung ist.

Fit für die Zukunft?

Was ist zu gestalten? Die Frage lautet: «Wie machen wir uns fit für diese neue Welt, die hier entsteht?» Was heisst das? Das heisst zuerst und vor allem: Wie finden sich die Jungen und die Mittelalterlichen und die Älteren zurecht in einer Gesellschaft, die durch eine völlig neue Form von Medienkompetenz geprägt ist? Können wir mit der neuen Fülle des Wissens umgehen? «Fit für die Zukunft.» Das bedeutet etwas für die Standards. In einer offenen Welt, in Märkten, die sich global integrieren und zu einem einzigen Markt zusammenwachsen, sind die Standards in der äussersten Konkurrenz: Kapital und Management und Technik können sich bewegen. Sie können weltweit die besten Standorte suchen. Die Menschen können das nur begrenzt, und die Regierungen noch weniger. Eine Regierung, die sich unglücklich fühlt, kann sich nicht einfach ein neues Volk wählen. Weil dem so ist, stellen sich hier sehr konkrete Anforderungen an die Regierungen: Wie sie es mit den Standorten halten, für die sie verantwortlich sind, dass sie in offenen Märkten in einem weltweiten Wettbewerb bestehen können, attraktiv sind, Wohlstand erhalten, Innovationen ermöglichen und dass Beiträge zur Weltentwicklung in Wohlstand und kultureller Kraft geleistet werden können. Ebenso ist es eine Anforderung an die Unternehmen, an die Unternehmen in ihrer Fähigkeit sich auf eine neue Wirklichkeit einzustellen, ohne ihre traditionelle Kompetenz zu verlieren: in den Strukturen, in den Themen, in der Wahl der Standorte, selbst in der inneren Unternehmenskultur, bis hin zur Verantwortung des einzelnen Mitarbeiters. Die Frage, wie wir fit für die Zukunft werden, ist eine Frage an eine Fülle unterschiedlichster Bereiche und darin besteht die Herausforderung, von der wir sprechen. Es ist eine Herausforderung an die gesellschaftlichen Institutionen, in der jeweils spezifischen Art an die Parteien, an die Arbeitgeberverbände, an die Kirchen und an die Beamtenschaft. Um dies vorwegzunehmen: Der Glaube, dass diese Überprüfung der Struktur an Regierungen delegiert werden könnte, ist ein höchst gefährlicher Irrglaube. Die Regierungen können solches in Einzelbereichen leisten und sie müssen mit grosser Aufmerksamkeit die Themen suchen, die in ihrer Verantwortung stehen, die wegen ihrer Rechtshoheit von niemand anderem gestaltet werden können. Die Gesamtheit der Strukturänderung in dieser Welt jedoch, die Gesamtheit der Antworten auf die Herausforderung, vor der wir stehen, ist eine Frage anderer Natur. Sie ist im letzten nur dadurch zu leisten, dass jeder aus der Kompetenz und der Verantwortung, die er hat und die er sich erarbeitet hat, das, woraus er lebt und woraus er entstanden ist, selber in Frage stellt und mit seinen Kollegen im eigenen Bereich und sogar mit der Fähigkeit zur Grenzüberschreitung in anderen Bereichen gemeinsam prüft, was Neues hier aus der Neuartigkeit der Situation geschaffen werden könnte, in die Erprobung geführt werden muss und in der gemeinsamen Arbeit zu verstehen ist. Wenn wir also über die Herausforderung sprechen, dann kann es nicht um eine sektorale Betrachtung der einzelnen Kompartimente gehen. Das Besondere der Entwicklung, in der wir stehen, ist ja der Verlust der Kompartimente. Sektorale Einzelbereiche können in sich nicht mehr funktionieren. Das gilt für die Wissenschaft. Es ist nicht mehr die Chemie neben der Physik, die analytische neben der organischen und der anorganischen und dann kommt die physikalische dazu, usw. Die einzelnen Wissenschaften gehen ineinander über. Sie werden zu einem Kontinuum. Sie sind nicht mehr kompartimentalisiert. Eine Wissenschaft kann ihren eigenen Zweck erfolgreich nur in dem Masse zunehmend erfüllen, indem sie die anderen Wissenschaften hier zu verstehen trachtet und die Fragen und die Kompetenz der anderen Wissenschaften einbezieht in ihr eigenes Bedenken ihrer selbst. In dem Mass, wie der Einzelne aus seinen gewohnten Zusammenhängen hinaustritt und sich in den Dialog einlässt mit solchen, die einen anderen Denkhintergrund und eine andere Lebenserfahrung haben, in dem Mass, wie der gesellschaftliche Dialog in seiner Komplexität die Komplexität der Wirklichkeit zunehmend aufnimmt und widerspiegelt, – in dem Mass gewinnen wir die Fähigkeit, die Wirklichkeit zu gestalten, nicht aus Trends oder zufälligen Einzelentscheidungen, sondern aus einer umfassenderen Verantwortung heraus.

Um das zu verdeutlichen, werde ich hier einige spezifische Bemerkungen folgen lassen.

Kennzeichen des Neuen

Worin besteht eigentlich die dramatische Andersartigkeit der Situation, in der wir uns befinden? Man spricht heute so leichthin von einem exponentiellen Zuwachs an Wissen. Was das heisst, ist oft nicht so klar. Man spricht davon, dass sich das Wissen alle zehn Jahre, sogar alle sieben Jahre verdoppelt. Das klingt nach einer Zahl, heisst aber nichts anderes, als dass in den nächsten sieben, acht Jahren soviel Wissen neu entstehen wird, wie in der gesamten Geschichte der Menschheit zuvor entstanden ist. Die Parametrisierung des Wissens ist gewiss etwas problematisches. Das Newtonsche Fallgesetz ist nicht unbedingt zu vergleichen mit einer neuen Veröffentlichung aus dem faszinierenden Bereich der Metallforschung. Trotzdem ist, soweit hier quantifizierbar gesprochen werden kann, diese Aussage zutreffend. Das erste ist also die schiere Allgegenwärtigkeit von Wissen, Verfügbarkeit von Wissen, die Möglichkeit mehr zu gestalten und zu verstehen. Die Wissenschaft verändert sich hierin fundamental. Wir haben heute zwei Tendenzen, die sich überraschenderweise nicht widersprechen, sondern ergänzen. Ich sprach einerseits vom Zusammenwachsen der Wissenschaft zu einem vernetzten vieldimensionalen Kosmos. Es gibt andrerseits eine wachsende Zahl von Wissenschaften. Es gibt tausende von wissenschaftlichen communities mit ihrer jeweiligen Zeitschrift, mit ihrer jeweiligen Sprache, mit ihren jeweiligen Denkstrukturen und Denkschulen, mit ihrer jeweiligen Art in sich selbst Paradigmen zu finden und Fragen neu zu stellen. Das Faszinierende der Wissenschaft sind ja nicht unbedingt die Antworten. Das Faszinierende ist es, Fragen zu finden, die interessant und neu und blitzend sind. Hier sind beide Entwicklungen charakteristisch für die Wirklichkeit, in der wir uns bewegen, die Entwicklung zu grösserer Vielfältigkeit, die zu einer Zersplitterung führen könnte einerseits und die überraschende, auch technisch unterstützte Fähigkeit des sich Vernetzens andrerseits. Internet ist hier nur ein Stichwort. Wenn es gelingt, die Schnelligkeit des Dialogs, der unmittelbare Austausch, die globale Vernetzung von völlig zerstreuten communities zu einem einzigen Konzept, zu einem einzigen Denkprojekt, zu einer einzigen Paradigmenentwicklung erfolgreich zusammenzuführen, dann ist das eine ganz andere Qualität, als in einer Zeit, als Wissen vermittelt wurde über «nature» oder «science», in denen man, wenn man Glück hatte, nach sechs Monaten seinen Artikel gedruckt gesehen hat. Unbestrittenermassen besteht weiterhin ein grosser Platz für diese grossartigen Zeitschriften. Es ist eine vorzügliche Sache, wenn ein Artikel kritische Redaktionen durchlaufen hat, abgeglichen worden ist und sozusagen den sakramentalen Segen der Wissenschaft erhalten hat. Aber die entscheidende Differenz zu früher sind hier die einzelnen Austausche unterhalb der sogenannten kanonischen Wissenschaft, das Hin- und Herspielen der Ideen mit immer grösserer Geschwindigkeit, die in einer anderen Qualität erfolgen. Und schliesslich: Wissenschaft bedeutet immer mehr Technik, bis zu der Grenze, wo sich das in der Veränderung der Paradigmata ausdrückt. Ein altes Paradigma, worin die Stärke beispielsweise der deutschen Wirtschaft bestand, war die Fähigkeit punktuelle neue Entdeckungen relativ schnell in komplexen Systemen in marktfähige Produkte umzusetzen. Der *technology-push,* das Verstehen einer neuen Technik auf ihre Anwendbarkeit hin war unter den Bedingungen der Knappheit dieser neuen Techniken ein starker Wettbewerbsvorteil. Aber die Wirklichkeit ändert sich. Heute ist es so, dass man nicht mehr eigentlich von einem Mangel an technischen Lösungen sprechen kann, sondern von einem Mangel an relevanten Fragen am Markt. Dies ist ein völliger Umschlag. Eine Industrie, die ihre Stärke hergeleitet hat von ihrer überlegenen technischen Kompetenz in einzelnen Bereichen, sieht sich konfrontiert mit Konkurrenten, die ihre Kompetenz herleiten aus Kundenbedarf, aus Marktbedingungen und von da her die verschiedenen technischen Möglichkeiten nebeneinanderstellen. Das ist heute möglich geworden, weil für ein Problem ganz unterschiedliche Lösungen bestehen. Wenn man sich überlegt, wie die heute schon höchst integrierten Computer in zehn Jahren aussehen, kann man darüber spekulieren, ob dies mit der Siliciumtechnik überhaupt noch möglich ist und ob man von dem lichtoptischen Verfahren dann beim 4-giga-bit-chip in die Röntgenlithografie geht; man kann sich überlegen, ob man in jener Zeit noch über Elektronik spricht. Das hat einen erheblichen Charme: Photonen kreuzen sich ohne sich zu beeinflussen, da sie keine Ladung haben. Elektronen stören sich immer ein bisschen. Man kann darüber reden, ob diese Veränderungen nicht in einer völlig neuen Dimension von Hochtemperatursupraleitungen stattfinden, so dass die Frage des Energieumsatzes innerhalb des Chips kein begrenzender Faktor mehr ist. Es gibt völlig unterschiedliche strategische Ansätze, gar nicht zu reden von anderen Halbleiterwerkstoffen, die alle jetzt sozusagen zur Auswahl bereitstehen. Hier spielt sich ein Paradigmawechsel von grosser Kraft ab, der noch dadurch verstärkt wird, dass nicht nur Wissenschaft in zunehmendem Mass Vielfalt von Techniken zeugt, sondern dass Technik in zunehmendem Mass in einer grossen Zahl von Gebieten Voraussetzung für Wissenschaft selber geworden ist. In dieser Hin- und Rückwirkung liegt wiederum ein System einer anderen Natur. Gewiss laufen viele dieser Entwicklungen schrittweise und linear ab. Zumindest handelt es sich noch nicht um diskontinuierliche Brüche, aber in ihrer Gesamtheit und ihrer enormen Geschwindigkeit verändern sie die Wirklichkeit in grosser Dramatik.

Nun wäre es durchaus von Reiz über die einzelnen Wissenschaften zu sprechen. Es ist vielleicht nicht ganz unproblematisch einen Vortrag über Wissenschaft und Technik zu halten, ohne über eine einzelne Wissenschaft oder eine einzelne Technik zu sprechen. Nehmen wir das Beispiel der Biotechnologie, der Gentechnologie. Vor fünfzehn Jahren, vor zwanzig Jahren war das noch eine Laborgeschichte, eine Sache für Wissenschaftler. Dass diese Wissenschaften sich ausbreiten, die Wirklichkeit verändern und neue Industrien erzeugen würden, hatte man vor zwanzig Jahren nur in kühnen Träumen gesehen. Zu Beginn der 80er Jahre bestand die Vorstellung, dass Gentechnik schneller wächst als sie jetzt in den letzten zehn Jahren rückblickend gewachsen ist. Das Tempo ist anders und auch heute noch ist in den Vereinigten Staaten die grösste gentechnologisch bedingte Industrie der Handel mit Aktien von gentechnolgischen Unternehmen, nicht aber mit Produkten. Das ist der Ausweis dafür, dass die Erwartung für das Marktvolumen sich zwar nicht geändert hat, der Zeithorizont jedoch schon. Hier entstehen neue Möglichkeiten in den unterschiedlichsten Bereichen. Neue Medikamente: Man kann beispielsweise Interferon in beliebigen Mengen und nicht nur in Miligrammengen erzeugen. Man hat neue Ansätze, um Krebs zu bekämpfen, überhaupt andere Ansätze um an Krankheiten heranzugehen. Mit den Bakterien glaubten wir fertig geworden zu sein, die grossen Seuchen glaubten wir beherrscht zu haben, – hoffen wir, dass das so bleibt, denn es gibt durchaus auch gegenläufige Entwicklungen: Die Bakterien spezialisieren sich auch. Gegen die Viren waren wir weitgehend hilflos und nun bestehen zum ersten Mal gewisse Chancen hier einen Durchbruch zu schaffen. Diese neuen Horizonte lassen das Bild einer sanften Chemie entstehen. Ich höre, dass einige Grüne Vorbehalte gegen die Gentechnik haben sollten. Das ist eigentlich sehr überraschend. Wenn man sich eine sanfte Chemie vorstellt, eine Chemie mit niedrigem Druck, mit wenigen Nebenprodukten, mit wenigen Schritten, mit niedrigen Temperaturen, ohne Explosionsgefahren, dann ist es die Gentechnik; etwas Schöneres kann man sich eigentlich nicht wünschen. Insofern hoffe ich, dass hier ein progressiver Denkprozess einsetzt. Es ist immer ganz gut, wenn man politische Überzeugungen gelegentlich an nachprüfbaren Wirklichkeiten misst, aber ich räume ein, dass das nicht überall selbstverständlich verbreitet ist. Es lassen sich beliebige Beispiele heranziehen. Bleiben wir bei der Gentechnologie: Es können Pflanzen gezüchtet werden, die in der Sahelzone existieren können, die in versalzten Böden überleben, die ihre Schädlinge als gefährlichste Schädlinge ihrer Schädlinge selbst umbringen; man kann die Getreidegrenze nach Norden vorschieben, usw. Wir sehen uns also plötzlich mit einer völlig neuen Welt von Möglichkeiten konfrontiert. Wir können Leben schaffen nach dem, wie wir es brauchen und wollen. Es lässt sich an Umweltprobleme herangehen, gegen die wir hilflos waren: Dioxine in alten Deponien beispielsweise. Wenn wir das auskoffern wollen, dann bekommen wir Probleme. Der Wind weht und das Gift verteilt sich in der ganzen Landschaft, aber inzwischen haben wir Bakterien, die das auffressen. Sie fressen noch nicht schnell genug, das müssen wir ihnen noch beibringen, oder sie sollten sich schneller vermehren, das ist für diesen Zweck fast gleichwertig. Es gibt da mit einem Male Ansätze zu Problemlösungen, die vor einer ganz begrenzten Zeit noch undenkbar gewesen sind. Ein anderes Beispiel sind die Materialwissenschaften. Da geht eine leise Revolution von einer ausserordentlichen Dynamik vor sich. Nach den Prognosen des Club of Rome müssten wir in einer Zeit der absoluten Armut leben; da müssten die Metallpreise exponentiell gestiegen, ganze Industrien zusammengebrochen sein. Es geht jetzt hier nicht um die Reichweite von irgendwelchen Ressourcen, das ist eine andere Debatte. Aber vor fünfzehn Jahren stellte sich den Industrienationen die Frage, ob sie keine Depots von Kobalt und Vanadin und anderen strategischen Materialien anlegen müssten, da diese Stoffe alle hätten knapp werden müssen: Nichts davon ist geschehen! Die Preise sind unten, die Knappheit ist nirgends zu sehen. Ersatzstoffe kommen auf grosser Breite, Faserverbundwerkstoffe, leichter und fähiger und zäher als Stahl in praktisch unbegrenzten Mengen erzeugbar, Keramik für höchste Temperaturen, Oberflächentechniken zum Schweissen, zum Schneiden: Es muss nicht mehr die ganze Substanz verändert werden, sondern bloss noch einige Atomlagen an der Oberfläche, Glasfaser statt Kupfer, Pulvermetallurgie, ein formnahes Giessen, so dass hier fast keine Nachbearbeitungen mehr nötig sind. Eine Fülle von neuen Möglichkeiten sind gleichzeitig vorhanden, leise, revolutionär und nachhaltig. Man könnte über die Laser reden. Als ich vor dreizehn Jahren mit meinen tüchtigen Beamten darüber sprach, da sagten diese zu mir: «Herr Riesenhuber, ein interessantes Projekt, wir haben uns umgehört, aber für die Industrie wird das nie etwas bedeuten.» Dann haben wir im Bundesanzeiger veröffentlicht, dass wer immer eine Idee habe, was mit einem Laser gemacht werden könne, dem würde das Projekt weitgehend bezahlt werden. Was ist heute damit? Lasergeräte zum Schweissen, zum Schneiden, zum Beschriften, zum Oberflächen Behandeln, zum Distanzmessen, – sie können hier die Distanz zum Mond auf Zentimeter genau messen, das braucht man nicht oft, ich geb' das zu. Sie können aber auch andrerseits im Bauch operieren, ohne diesen quer aufzuschlitzen. Es gibt da bloss noch zwei kleine Löcher, in das eine kommt der Laser und in das andere schaut man hinein. So kann man heute fast narbenfrei mit höchster Präzision operieren. Eine Vielfalt von Möglichkeiten also, Netzhautverschweissung, der CD-Player, plötzlich eine explosive Zunahme ganz unterschiedlicher Möglichkeiten und dies in einer sehr kurzen Zeit, nicht nur in der Wissenschaft, sondern auch mit einem Durchbruch in den Märkten. Ich nenne hier nur exemplarisch einige Beispiele. Die grösste und wahrscheinlich nachhaltigste, auch gesellschaftlich verändernde Revolution ist die der Informationstechnik, die Mikroelektronik. Die Preise halbieren sich, die Integrationsdichte verdoppelt sich alle zwei bis drei Jahre. Die Entwicklungsdynamik scheint hier fast unaufhaltsam zu sein. Das schafft neue Möglichkeiten, Dienstleistungen zu erbringen, die vorher nicht denkbar gewesen sind. Dabei rede ich nicht einmal von den neuen Feldern, die hier noch nicht deutlich zu erkennen sind. Wir können und müssen ja auch nicht die Welt von morgen vorhersehen. Hinterher ist man immer schlau und erkennt die Entwicklungslinie in grosser Präzision und die Prognosen, die ex post gemacht werden, sind immer die besten. Vorher ist die Sache geringfügig schwieriger und es ist ja auch nicht unsere Aufgabe, die Welt zu prognostizieren. Unsere Aufgabe ist es, Bedingungen so zu schaffen, dass Neues erfunden werden kann. Sie zu prognostizieren hiesse, dass man an eine Instanz glaubt, die weiss, was Zukunft sei. Im Zweifel denkt man dann in der Regel an den Staat, was sehr irrig ist. Der Staat weiss von der Zukunft nichts; wenn er gut ist, weiss er die Vergangenheit. Aber das Interessante an der Zukunft ist ja das, was sie von der Vergangenheit unterscheidet. Es sind dies die nichtlinearen Prozesse, nicht die Fortschreibung. Davon weiss der Staat gar nichts. Und insofern ist es gefährlich zu vermuten, dass der Staat die Zukunft erfinden könnte. Der Staat muss sich überlegen, wie er Voraussetzungen schafft, dass der Einzelne die Möglichkeit, mehr noch, die spontane Lust verspürt, Zukunft zu erfinden. Es gibt durchaus auch die Situation, dass sämtliche objektiven Konditionen da sind, die Leute aber keine Lust haben. Der Staat kann relativ wenig dazu beitragen, dass das Neue entsteht. Im Gegenteil hat der Staat ein erstaunliches Potential, die Entstehung von Neuem zu verhindern. Es wäre ein grosser Fortschritt, wenn die Staaten verstanden hätten, dass sie schon eine grossartige Leistung vollbringen, wenn sie die Leute nicht mehr als notwendig in der Arbeit stören. Staaten, wie übrigens auch politische Parteien lassen sich geradezu danach unterscheiden, ob sie diese These querschreiben, dass nämlich der Staat hier schon eine grosse Leistung vollbringt, wenn er die Leute nicht bei der Arbeit stört. Es gibt manche, die glauben, je mehr der Staat tut, desto besser für die Zukunft der Welt, desto glücklicher werden die Menschen.

Aber zurück zur Technik und zum Wandel: Ich behandle also nicht die neuen Felder, Mikrosystemtechnik beispielsweise und welchen Platz sie in den Märkten finden kann, oder Biomemetik, die uns lehrt, dass der Hai schnell wegen seiner rauhen Haut ist und nicht etwa, weil sie glatt wäre. Seitdem wir das verstanden haben, werden Oberflächen von Flugzeugen so behandelt, dass sie Kerosin in der Grössenordnung von fünf bis sieben Prozent einsparen, weil sie besser gleiten. Der Grashalm ist ein Element der Stabilität, das bis jetzt noch kein Architekt erreicht hat. Ein Spinnwebennetz hat auf Gewicht oder querschnittbezogen eine grössere Festigkeit als ein Stahlseil. Vor uns liegt da eine ganze Welt von über Jahrmillionen natürlich vollzogenen Optimierungsleistungen, die wir noch nicht verstanden haben. Die Möglichkeiten der technischen Umsetzung sind hier, sofern wir verstanden haben, worum es geht, fast unbeschränkt. Der Prüfstein des Verstehens ist im Grunde die Machbarkeit. Das ist nichts anderes, als die Metaphysik des Experiments in der Naturwissenschaft. Die Zahl wissenschaftlicher Forschungsfelder, die innerhalb kurzer Zeit alle Erwartungen überschreitende Entdeckungen hervorbrachten, ist schlicht nicht mehr übersehbar: Die Erforschung des immer Kleineren, die Nanoelektronik, die Optoelektronik, die Hochtemperatursupraleitung war jenseits jeder Erwartung. Die Fullerene, diese neue Modifikation des Kohlenstoff galt als unvorstellbar. So etwas konnte gar nicht stabil sein, doch plötzlich ist es da und es hat Eigenschaften, deren Grenzen nicht erkennbar sind. Das geht von der zielgenauen Transportation von Medikamenten an einen Tumor heran, bis zur Entwicklung eines völlig neuartigen Schmiermittels einzigartiger Qualität. Die Fülle des Neuen ist enorm. Es gibt kluge Leute, die diese Leistungen zwar anerkennen, aber daran zweifeln, ob es denn dafür auch einen Bedarf gäbe: Mehr als zwei Steaks zu Mittag kann man bei gleichem Grenzertrag des Lustgewinns nicht essen. Das mag für einige Bereiche richtig sein. Ich bin jedoch nicht sicher, ob diese Prognose stimmt. Natürlich ist mehr vom Gleichen nie die Antwort. Aber das ist auch nicht die Frage, vor der wir stehen. Die Frage ist, was an Neuem entstehen kann. In der Umwelttechnik verstehen wir zunehmend die Probleme. Wir verstehen sie durch die Wissenschaft. Wir finden schrittweise die Antworten.

Rückgewinn von Natur durch Technik

Unsere Schwäche in der Umwelttechnik in den vergangenen Jahren war nicht so sehr, dass wir die richtigen Antworten nicht gesehen hätten. Die Schwäche bestand darin, dass es uns offensichtlich nicht immer gelungen ist, die Erfolge zu zeigen. Der Glaube vieler Menschen ist, dass die Welt immer schlimmer wird. Natürlich haben wir Probleme. Es wäre leichtfertig, darüber hinweg zu reden. Ich habe die Ehre beim 75-jährigen Jubiläum eines Anglervereins in meinem Wahlkreis die Schirmherrschaft zu übernehmen, solche hohen Ehren wachsen einem im Lauf der Zeit zu. Ich habe mit den

Leuten geredet. Vor fünfzehn Jahren trieben an schönen warmen Sonnentagen die Weissfische im Main mit blinkenden Bäuchen zu Tal. Der Main stank, der Fluss war tot. Heute sagen mir meine verehrten Anglerfreunde, dass 38 verschiedene Fischarten im Main leben und sich auch vermehren. Das spricht dafür, dass sie eine gewisse Fröhlichkeit haben. Das zeigt also, dass wir Natur zurückgewinnen. Wenn man den Menschen sagt, das BSP sei um 27.5% und das BSP p.c. sogar um 33% gesunken, gewinnt man ihre Herzen nur begrenzt. Man sollte den Menschen zeigen, was gewonnen ist und dass man daraus die Ermutigung für weitere Anstrengungen findet, anstatt den Leuten immer zu sagen, wie schrecklich alles ist. Da wollen sie nach einiger Zeit bloss noch in Ruhe gelassen werden. Das ist eine natürliche Reaktion. Man muss den Leuten die Freude gönnen an dem, was gelingen kann und nicht sie indoktrinieren mit einer Verzweiflung über eine möglichst finster dargestellte Wirklichkeit. Es gibt hier durchaus noch die Diskussion, wie schmackhaft die Fische aus dem Main sind. Manche sagen, dass sie ein bisschen nach Öl schmecken, aber vom Standpunkt der Fische aus ist das durchaus nachrangig. Es muss hier vielmehr auf die ganz unterschiedlichen Techniken hingewiesen werden, für die Luftreinhaltung, den Gewässerschutz, den Bodenschutz bis hin zu den Fragen des *Global Change,* des Ozonlochs, des Klimas. Entgegen von früheren Gerüchten und pessimistischen Erwartungen haben wir ja beim Ozonloch über die verschiedenen Protokolle, angefangen beim Montrealer Protokoll, ganz enorme Fortschritte gemacht haben. Es ist die Umwelttechnik, es ist die Gesundheit, es ist die Frage der Ernährung. Bei dem fortschreitenden Wachstum der Bevölkerung in China und bei der weiteren Erosion des bebaubaren Landes mit zwei Prozent pro Jahr muss man innerhalb sehr kurzer Zeit den Hektarertrag verdreifachen. Das ist mit den klassischen Möglichkeiten einfach nicht mehr zu schaffen. Indien kann sich heute mit Reis selbst versorgen. Manchmal gibt es Probleme im Transport zwischen Norden und Süden, wenn der Monsun zu spät gekommen ist. Das ist eine völlig unerwartete Revolution in der Frage der zwei, drei oder vier Ernten pro Jahr, der Frage der Bekämpfung der Schädlinge, der Frage der Minderung der Nachernteverluste, die teilweise über 30% gelegen waren. Hier gibt es Bedarf für neues Wissen.

Ein Beispiel zur Energie: Heute Nachmittag habe ich bei einer der hier im Saal vertretenen Firmen gesehen, dass an einer Brennstoffzelle gearbeitet wird, die praktisch auf einen Wirkungsgrad des Energieumsatzes von 100% kommt. Verglichen mit herkömmlichen Kraftwerken, die unter günstigen Verhältnissen auf einen Wirkungsgrad von 50% kommen, kann gesagt werden, dass hier Technik für die Umwelt nicht problemschaffend, sondern problemlösend ist. Es ist nicht ein ständig neues, weiteres Wachstum der Technik, die die Umwelt ständig mehr beeinträchtigt. Es ist ein Zugewinn von Wissen, das Kreisläufe zunehmend versteht und darin sich zu organisieren weiss. Es ist ein Wachstum aus Intelligenz, mit dem nicht zu rechnen war. Der Chip ist nicht Umweltbelastung und nicht Rohstoffverbrauch, sondern er ist schiere Intelligenz. Silicium ist bekanntlich Sand und Sand gibt es sehr viel. Intelligenz ist angeblich auch unbegrenzt vorhanden. Im praktischen Fall wird das manchmal erkennbar knapp, aber im Grundsatz haben Sie hier die Chancen eines ressourcenfreien Wachstums, das sogar Natur zurückgewinnt. Diese Chancen bestehen auch für die Verkehrsnetze und selbstverständlich vor allem für Informationsnetze. Diese bringen uns in grosser Fülle Dienstleistungen, die wir erst verstehen müssen. Wir werden uns überlegen müssen, ob interaktives Fernsehen ein besonderer Kulturzugewinn ist. Selbst der Lustgewinn mag begrenzt sein. Auch die Frage von 500 Fernsehprogrammen mag man ambivalent beurteilen. Manche fühlen sich schon bei dem heutigen Angebot unglücklich, um es einmal sehr neutral zu sagen. Auf der anderen Seite steht die Vielfalt an Möglichkeiten. Das geht hier von den Börsennachrichten bis zu einem Kirchenfunk. Die Fülle der Möglichkeiten, ich beschreibe sie nicht im einzelnen: die Möglichkeit der Erziehung, der Ausbildung, die Möglichkeiten der Telearbeit, die Möglichkeit des Telebankings, die Möglichkeit ihre Steuererklärung, in einem direkten Austausch von zu Hause in sehr kleinem Zeitaufwand abzuwickeln. Dieses alles entsteht und wird auch von einer wachsende Zahl von Menschen nachgefragt, weil sie es brauchen. Weltweit produzieren immer mehr Menschen, weil sie es inzwischen können und ihre Produkte erscheinen auf den Märkten, Menschen bei denen man noch vor zwanzig Jahren, vor fünfzehn Jahren, ja noch vor zehn Jahren geglaubt hat, man müsste sie mit Entwicklungshilfe aus ihrer schrecklichen Lage befreien. Sri Lanka hatte vor fünfzehn Jahren eine Hungersnot nach der anderen gehabt. Dann wurde entschieden, dass keine Geschenke aus den Industrieländern mehr angenommen würden. Die Folge waren zwei schwierige Jahre. Danach hat sich die Landwirtschaft erholt, weil sie nicht erschlagen wurde von Geschenken, sondern aus eigener Leistung Zukunft und Märkte und Einkommen aufgebaut hat. Sri Lanka exportiert heute Reis.

Rahmenbedingungen für Innovation

Der Wandel der Wirklichkeit von Problemlösungen erfolgte nicht ausschliesslich, aber dennoch wesentlich durch den Beitrag der Technik. Für die Lösung der grossen Probleme, vor denen wir stehen, ist Technik nicht eine ausreichende Bedingung. Es braucht noch viel anderes, zum Beispiel politische Strukturen und den politischen Willen. Aber ohne Technik haben wir nicht die hinreichenden Wahlfreiheiten, mit denen wir überleben können. Was muss im Einzelnen getan werden? Hätte ich diese Rede vor fünf Jahren gehalten, hätte man diese Sache sehr ausführlich behandeln müssen, aber es gibt inzwischen unter den Industrienationen und von deren Standpunkt aus reden wir, wachsenden Konsens darüber, dass die Staatsquote fallen muss. Die Umsetzung ist gewiss nicht einfach und auch nicht in grosser Breite vollzogen. Die Disziplin innerhalb der europäischen Gemeinschaft wächst; die Maastrichtkriterien haben hier über die Erwartung hinaus Anstrengungen der einzelnen Nationen ermöglicht und zum Teil auch Erfolge gezeitigt. In Deutschland befinden wir uns in einer sehr speziellen Lage. Für die neuen Bundesländer wenden wir immer noch saldiert 120 Milliarden pro Jahr aus. Der Bund bringt den grössten Teil der Leistung selber. Trotzdem werden wir die Maastrichtkriterien erfüllen. Für das nächste Jahr zeichnet sich eine grosse Belastung im Sozialbereich ab. Aber die Steuerquote wird zum ersten Mal von 24.5% auf 24% sinken. Der Staatshaushalt wird, was den Bund betrifft, nicht nur nicht steigen, er wird um etwa 27 Milliarden Mark kleiner werden. Der Staat muss Voraussetzungen schaffen, die das Ganze betreffen, nicht so sehr spezifisch für die Wissenschaft; Wissenschaft kann sich gerade durch die wachsende Komplexität innerhalb der komplexen Welt nicht mehr als ein geschützter Bereich entwickeln. Dass die Grundlagenforschung finanziert wird, dass die Kameralistik gemindert oder abgeschafft wird, dass Marktmechanismen auch in die universitäre Forschung hineinkommen, das sind Elemente von grosser Bedeutung. Zum Stichwort Kameralistik: Wie ich vorhin im Vorgespräch erfahren habe, scheint die Schweiz in den 80er Jahren hier grosse Strukturveränderungen glücklich vollzogen zu haben, vor denen wir in Deutschland noch stehen. Die Frage, was wirklich gelingt, hängt ab von der Leistungsfähigkeit des gesamten Systems, der Volkswirtschaft, aber auch des gesellschaftlichen Systems selbst. Es hängt davon ab, dass wir die Bürokratien zurückdrängen, dass die Genehmigungsverfahren dereguliert werden, von der Gentechnik bis zu den Verkehrswegen. Es hängt davon ab, dass der Staat sich zurückzieht und privatisiert. Da sind wir beim Bund ziemlich weit, aber bei den Gemeinden noch überhaupt nicht. Bei den Ländern ist es, behutsam gesagt, unterschiedlich. Das hängt davon ab, ob wir verstehen unter welchen Bedingungen sich Neues entwickeln kann. Die Privatisierung der Telekom ist ein ziemlicher Kraftakt. Da hat sich über Jahrzehnte eine Behörde entwickelt, aus der jetzt plötzlich ein Unternehmen werden soll. Wenn wir das nicht gemacht hätten, dann würden wir grosse Nachteile bekommen. Ich habe vielen meiner Freunde einen schönen Bericht des office of technology assessment des amerikanischen Kongresses geschickt, der im September 1993 herauskam, ein Bericht von 270 Seiten, zweispaltig enggedruckt mit drei Nachrichten, drei wesentlichen Nachrichten und alle erfreulich. Die erste war: Die Europäer werden ab 1998 die Telekommunikationsdienste deregulieren – grossartig, alles ist offen und frei! Die zweite ist: Die Wachstumsraten in diesem Bereich in Europa werden dann zwischen 8% und 28% pro Jahr liegen, real, in den USA dann höchstens noch zwischen 8% und 10%. Die dritte gute Nachricht: Die Europäer verstehen nichts davon. Die Europäer haben Behörden, aber keine Unternehmen. Vielleicht bauen die Europäer noch die Netze, wenn nicht, machen alles die Amerikaner. Sie liefern die Endgeräte, die Software, die Dienste, und zwar deshalb, weil die Europäer ihre Behörden haben, die sich nie mit dem Markt auseinandergesetzt haben. Wenn es uns nicht gelungen wäre, die Telekom zu privatisieren, wären wir überrollt worden von der Dynamik des Marktes, der in diesem Bereich stark von den Amerikanern geprägt ist.

Dies sind einige Elemente aus dem staatlichen Bereich. Es sind nicht alle. Jetzt könnte man über Europa sprechen. Ich bleibe aber der begrenzten Zeit wegen im Konjunktiv. Wir können die Themen nur antippen: die Wirtschaft, die Veränderungen in den Unternehmen, die schnelleren Entscheidungswege, die Kostensenkungen, die in einigen Unternehmen sehr schmerzhaft gewesen sind und die sich in guten Bilanzen, aber in einer schwierigen Arbeitslosenstatistik und in wachsenden Sozialkosten niederschlagen. Ich könnte darüber sprechen, was die Tarifparteien als Innovation zu bringen haben, in sich selbst und im Gespräch miteinander, wie sie Strukturen öffnen müssen, dezentrale Entscheidungen ermöglichen müssen, wie sie hier die Arbeit so organisieren müssen, dass sie dann erledigt wird, wenn die Aufträge da sind. Ich könnte auch über die Universitäten sprechen. Ich weiss, wo ich hier zu Gast bin. Das ist alles bei Ihnen sicher sehr viel besser, es ist sicher für Sie undenkbar, dass ein Physiker dreissig Jahre alt ist, bevor er in den Beruf kommt. Das gibt es bei uns, das ist sogar der Durchschnitt und beim Chemiker sind es 31 Jahre. In Japan, oder Frankreich, oder Grossbritannien, oder in den USA ist das entsprechende Alter

24, 25 Jahre. Das ist nicht nur eine Frage, dass Bafög (Bundesausbildungsförderung) und Rente immer näher zusammenrücken, was schon ein Punkt wäre, sondern das ist einfach eine Veränderung der Kultur. Mit Fünfundzwanzig kann jemand noch eine eigene Existenz gründen und er hat Freude daran. Mit Dreissig überlegen sich viele, ob sie jetzt zu jemandem in Stellung gehen können, der ihnen 30 Jahre später vielleicht noch mehr Pension zahlt. Wenn man aus einem solchen Geist heraus sein Leben aufbaut, dann kann das im Land nur trübe werden. Ich spreche jetzt nicht über die Universitäten, nicht über die Verbeamtung der Professoren und nicht über die Frage, dass sie nach Zweiundfünfzig nicht mehr berufen werden können, nicht über den mangelnden Wettbewerb nach Leistung in den Vorlesungen, in der Forschung, nicht davon, dass hier die Anreize fehlen. Ich spreche nicht über die Handwerkssprachen, dass ein Deutscher, der Japanisch lernen will, danach den Haiku der späten Tukugawazeit von der frühen Maijishan-Zeit unterscheiden, aber nicht in ein Labor kommen und fragen kann, wo es Bier gibt. Das ist ein Problem, und es gibt eine Fülle derartiger Fragestellungen. Wichtig ist, dass jeder seinen Bereich neu bedenkt: Was jetzt geschehen müsste, das ist die eigentliche Herausforderung. Nun habe ich kein Wort über die Erziehung verloren und das ist natürlich ein herber Kritikpunkt an meinen Ausführungen. Ich werde gerne nachher im Gespräch noch darauf eingehen. Bevor ich aber jetzt zum Schluss komme, lassen Sie mich noch eine Bemerkung machen: Es gibt reiche Länder, da zählt Deutschland dazu, da zählt die Schweiz dazu, noch einige andere, die alle Voraussetzungen haben: eine hervorragende Wissenschaft, eine industriegewohnte Bevölkerung, eine dezentrale Struktur, eine Vielfalt an Kultur, was hier nicht nur ein Standortfaktor ist, sondern auch ein Element des Zusammenlebens der Menschen, eine Arbeitskultur. Ich habe bei uns in Deutschland manchmal das Gefühl, dass alle Voraussetzungen da sind, aber es gibt eine knappe Ressource. Die Deutschen haben, entschuldigen Sie, wenn ich das jetzt bei Ihnen sage, oft vor allem zwei Gemütszustände: Entweder sie können nicht vor lauter Kraft, oder sie wälzen sich in grosser Verzagtheit. Das Augenmass und die Zuversicht voranzuschreiten haben leider nicht immer alle. Es braucht die Bereitschaft mit Mut das Neue anzugehen, ohne Leichtfertigkeit, ohne Hybris, aber auch nicht mit einer ständigen genauen Erwägung der möglichen Pleite, sondern mit einer Prüfung der möglichen Chance. Ich habe da ein schönes Zitat gefunden, das 1989, am Vorabend der Deutschen Einheit schon einmal geäussert wurde. Ich habe es in den 50er Jahren zum ersten Mal gelesen und dann lange vergessen. Da hatte PERIKLES, und auch er ist schon lange verstorben, in einer schwierigen Situation seines Landes eine Rede gehalten. In dieser Rede sagte er: «Wisset, dass das Geheimnis des Glücks die Freiheit ist, das Geheimnis der Freiheit aber ist der Mut.» Die Frage, wie wir unsere Zukunft gestalten, ob wir in einer zunehmend technisch geprägten Welt immer wieder die Dimension der Menschlichkeit hinzugewinnen, ist eine Frage des Muts und eine Frage des Willens zu gestalten, eine Frage einer weltweiten Partnerschaft, eine Frage des Verständnisses einer gemeinsamen Verantwortung für eine verletzliche Welt. Daran zu arbeiten, ist die Aufgabe, vor der wir stehen.

****

Gertrud Höhler

Neue Werte für eine Welt im Wandel

Wie einzigartig die Schweiz ist, wissen Sie gar nicht, meine Damen und Herren. Ich denke das jedesmal, gleichviel was ich hier zu tun habe. Als ich damals als Studentin hierher gekommen bin, ahnte ich das schon. Inzwischen weiss ich es. Wenn in diesen Jahren der Schweizer Kleinmut ob des hohen Franken und des Nicht-Beitritts zur EU immer wieder vorgetragen wird, dann wünschte ich Ihnen, Sie könnten dieses Land mit fremden Augen sehen. Bleiben Sie, wie Sie sind, geben Sie nicht zu viel preis. Damit sind wir gleich im Thema: «Weltgesellschaft im Wandel» heisst ja das Rahmenthema dieser Monate. Das hören wir jetzt überall. Ich will Ihnen dazu zwei Sprichworte aus sehr verschiedenen Kulturkreisen nennen, zunächst ein chinesisches: «Herr der Vergangenheit ist, wer sich erinnern kann; Herr der Zukunft ist, wer sich wandeln kann.» Es geht offenbar nicht um das Eine oder das Andere, sondern es geht um beides. Dazu gibt es einen wunderbaren Satz des italienischen Autors Tommasi di Lampedusa, Autor des Romans «Der Leopard», der in vielen Sprachen bekannt geworden ist. Dieser Satz heisst: «Nichts bleibt, wenn sich nichts ändert.» Das klingt schon sehr viel schwieriger, das heisst nämlich – auch ein Schweizer Thema: «Du kannst nicht behalten, was Du erreicht hast, wenn Du nicht bereit bist, einiges, womöglich aber auch Dich zu ändern.» Nichts bleibt, wenn sich nichts ändert. Das sind zwei Vorüberlegungen zum Wertethema, die uns seine merkwürdige Widersprüchlichkeit bewusst machen.

Die Wertedebatte flammte auf in unseren Jahrzehnten, zunächst 1970. Da fingen alle Wissenschaften, die sich zuständig glaubten, über Werte zu forschen an. Sie wissen alle, wenn etwas besonders besprochen wird, kann man sicher sein, dass es nicht mehr selbstverständlich im Gebrauch ist. Werte, die ja eine Kategorie von

Handeln sind, werden nicht durch Besprechen am Leben gehalten, sondern durch Gebrauch. Fängt man an etwas besonders intensiv zu besprechen, dann ist Unsicherheit entstanden. Wir können also bei der heute neu aufkommenden Wertedebatte davon ausgehen, dass es nicht nur eine Neuauflage der Themen von 1970 ist, die ich Ihnen nachher nennen werde, damit Sie sich daran erinnern können, sondern dass wieder Unsicherheit vorangesickert ist bis in den Wertesektor. Die Wertedebatte 1970 hatte vor allem die Themen Autorität, Leistung und das, was wir heute die Sekundärtugenden nennen zum Inhalt: Lohnt es sich eigentlich pünktlich, zuverlässig, berechenbar, pflichtbewusst zu sein? In Bezug auf welche Uhrzeit pünktlich sein, fragten damals Schüler und Studenten, in Bezug auf welche Autorität folgsam sein, «was imponiert mir denn eigentlich noch?» war dann plötzlich der neue Massstab und nicht mehr die Selbstverständlichkeit des Altruismus: «Was Du machst, sollte auch den anderen nützen!» Da glitt ein ganzer Wertekanon der bürgerlichen Kultur plötzlich weg. Das hat auch die Generationen entzweit. Wahrscheinlich war es aber so: Weil die Generationen verschiedene Erfahrungen machten, deshalb entzweiten sie sich und spürten das anhand solcher klar fasslichen Kategorien. Werte sind da, damit wir es im Leben leichter haben, damit wir uns blitzschnell über etwas verständigen können. Wenn diese Selbstverständlichkeiten ins Schwanken geraten, wenn Mütter darüber anders denken als Kinder, Väter anders als Kinder, Lehrer anders als Schüler, Professoren anders als Studenten, Führungspersönlichkeiten anders als ihre Mitarbeiter, dann wird das Leben mühsam. Die Wertedebatte spiegelt Verwerfungen in unseren Erfahrungen, und da müssen wir prüfen: Kann man in einer solchen Situation überhaupt fruchtbar darüber debattieren, oder sollte man es gleich lassen oder abwarten, bis alles wieder friedlicher wird. Viele von uns werden sagen, dass es zwischendurch überhaupt nicht friedlicher war. Es war die ganze Zeit seit 1970 sehr konfliktreich. Wir haben bei einigem resigniert. Ältere Menschen würden sagen: «Ich habe resigniert bei meiner Vorstellung, Leistung sei eine Selbstverständlichkeit, Fleiss, Zuverlässigkeit, Verzichtbereitschaft seien Selbstverständlichkeiten.» Wenn man darüber nachdenkt, wird es aber schwieriger.

Wir halten fest: Wertegespräche kommen auf, wenn Verwerfungen im Wertsystem da sind, wenn Verlust, Abschiedsgefühle schmerzlich werden und wenn neue Generationen auftreten, die sagen: «Ich habe mit dem, was Du da sagst, noch nie etwas anfangen können. Ich merke auch, dass es mit meiner Lebenserfahrung überhaupt nicht zusammenstimmt.» So kurz die sein mag: Ein junger Mensch hat sein Stück Lebenserfahrung.

Die Ursachen des Wertekonflikts

Was sind die Ursachen der grossen Werteverwerfungen dieser Jahrzehnte, für diese offenbar jetzt schon zwei Wogen der Wertekonflikte? Ich nenne Ihnen die Stichworte, die Ihnen ohne weiteres einleuchten werden. Sie wissen alle, dass die Wohlstandskultur der Nachkriegszeit sehr schnell Selbstverständlichkeiten der Vorkriegszeit und der Kriegszeit über den Haufen geworfen hat. Es kam etwas auf, was wir in den 80er Jahren die «Genussmoral» genannt haben: Die Selbstverständlichkeit des Wohlbefindens zuerst, das Recht auf Sicherheit und schliesslich ein Verhältnis zum Lebenskomfort, das mit Wertgefühlen verbunden wurde. Da hiess es dann nicht nur: «Geschieht meinem Vater recht, dass ich jetzt krank wurde, weil ich gestern so lange Latein machen musste,» sondern da hiess es: «Wenn ich mich bei einer Sache nicht wohlfühle, dann ist das im Wertbereich unerlaubt.» Wir haben buchstäblich damit angefangen, mit den Unternehmen darüber zu sprechen, dass es wichtig sei, dass sich Mitarbeiter wohlfühlen. Wofür? Für die Leistungsbereitschaft! Und auf einmal kamen Dinge zusammen, die man vorher getrennt diskutiert hatte. Da hatte man gesagt: «Wohlbefinden ist eines, Leistungs- und Verzichtbereitschaft ist etwas anderes, und wenn es richtig weh tut, dann bist Du prima, dann bist Du in Ordnung, dann darfst Du stolz sein.» – «Sein Leben war Arbeit», stand über den Todesanzeigen, und die Kinder standen davor und schüttelten den Kopf und fragten sich, ob es das sein kann, ob da nicht irgendetwas schiefgegangen ist, wenn man so denkt. Die Wohlstandskultur also, die Selbstverständlichkeit von Zugriffen nicht nur auf Sachwerte, sondern auch auf einen immateriellen Lebenskomfort brachte die Debatte über postmaterielle Werte, die niemals nur postmateriell waren, sondern die immer den materiellen Standard vorausgesetzt haben; wenn der Keller voller Sachwerte ist, fängt man an in die Wolken zu steigen mit seinen Wertbedürfnissen. Wo wir heute stehen, werden wir versuchen festzustellen.

Der Pluralismus

Es kam dann eine Massnahme, die wir alle mitbekommen haben in der Vokabel «Pluralismus», denn die Demokratie mit ihren Freiheiten stellt ja auch die Rede, das Denken, das Schreiben, das Meinen, das Glauben frei. Es wurde deutlich, dass wir überhaupt keinen Menschen zwingen können, ganz bestimmte Dinge für wertvoll zu halten. Wir stellen das in einem bestimmten Rahmen frei. Es gibt Wertepluralismus, ganz viele Wertkonsense zwischen Gruppen, die wir tolerant gegenseitig dulden. Schliesslich haben wir uns schon im Fünfjahresrhythmus auseinandergekoppelt: «Trau' keinem über Dreissig.» Diese Sprüche wurden aber von Fünfundzwanzigjährigen gesprochen, weil man gesagt hat, «was der Dreissigjährige denkt, ist mir völlig fremd, das kann ich überhaupt nicht nachvollziehen.» Eltern beobachteten kopfschüttelnd dieses Kürzerwerden der Generationen. Wir hatten eine Zeitlang das Gefühl, dass es sich so gut lebt, bis dann neue Unsicherheiten dazukamen, die die Sehnsucht nach einem Spalier von Werten, an dem man entlanggehen kann, wieder grösser werden liessen. Das ist die heutige Situation. Die Sehnsucht nach immateriellen Werten wächst und ich will versuchen aufzuklären, auf welchem Hintergrund das geschieht.

Die Genussmoral also: Zum Beispiel veränderte sich in einer Umfrage des Nestlé-Konzerns plötzlich eine Antwort, und solche kleinen Beispiele zeigen immer genau, was passiert. Die 70er Jahre waren die Zeit des Breitensports, eine Zeit, als die Menschen anfingen, sich bewusster zu ernähren, sich zu bewegen. Da ist gefragt worden: «Wie ist das eigentlich mit Deiner Ernährung?» Darauf hatte man mehrheitlich geantwortet: «Also da gibt es eine Menge Sachen, von denen habe ich verstanden, dass sie gesund sind, sie schmecken mir zwar nicht, aber ich esse sie.» Müesli zum Beispiel: Müesli-Esser als disziplinierte, brave Schüler der neuen Konsumkultur. Es schmeckt zwar nicht, aber man isst das. Hier können Sie sehen: Die Bereitschaft sich zu disziplinieren, Askese zu üben, wandert heimlich in ganz neue Fächer, während wir konsterniert auf die alten starren. Wir erkennen nicht, dass da sehr wohl eine neue Art von Selbstdisziplin unterwegs ist. Das waren die 70er Jahre. Auch heute ist eine neue Art von Selbstdisziplin da. Die 80er Jahre kamen, und da hatte man natürlich diese Umfrage schon zweimal wiederholt, aber in der zweiten Hälfte der 80er sagten die gleichen Leute: «Mit dem Müesli sehe ich das heute anders. Ich glaube immer noch, dass Müesli gesund ist, aber ich stelle fest, dass mein Widerwillen, wenn ich das esse, mir schadet. Ich habe nämlich etwas von Psychosomatik gelesen und ich könnte mir vorstellen, dass auch mein Organismus auf die Dauer nicht so gut verarbeiten kann, was ich mit einer mentalen Abwehr esse.» Das gipfelte in dem Spruch: «Was mir schmeckt, ist gut für mich.» Dass jeder zweite Deutsche inzwischen übergewichtig ist, muss damit zu tun haben, denn damals war es nur jeder vierte Deutsche. «Was mir schmeckt, ist gut für mich?»

Es ist also ein eklatanter Wandel vor sich gegangen, wenn solche Trivialitäten dabei herauskommen, aber trotzdem steckt Wahrheit darin. Es ist nämlich nicht für jeden dasselbe das Richtige. Hier ist eine neue Ausdifferenzierung der ichbezogenen Auswahl aus dem, was an Werthaltung, an Vernunfthaltungen möglich ist, entstanden.

Vereinzelung

Wir haben dieses Wachstum des Einzelego als Haupterfolg der Nachkriegszeit, vor allem in der Wertedebatte zu bedenken. Einerseits gibt es die Aufforderung an immer grössere Gruppen, sich das Beste zu verschaffen, an Ausbildung zum Beispiel, um in obere Schichten vorzustossen. In der Nachkriegszeit war jahrzehntelang der höchste Wert für Menschen, die in den – heute sogenannten – Grundschichten lebten, das höchste Ziel, in die nächsthöhere Schicht aufzusteigen. Das war ein Wert, der ganze Familien in Atem hielt. Dafür verzichteten Elternpaare auf Urlaube, damit Kinder entsprechende Ausbildungen geniessen konnten, die schliesslich bis an die Schwelle der Dreissig dauerten. Das Wachstum des einzelnen «Ich» hat natürlich dazu geführt, dass Menschen selbstbewusst entscheiden, was jeweils für sie selbst wertvoll ist. Derselbe Wert kann für einen anderen bedeutungslos sein. Dagegen hat man aber unstillbar das Bedürfnis dazuzugehören. Daraus entsteht zwangsläufig ein Wertkonflikt, der in einer Gesellschaft mit lauter stolzen, selbstbewussten Leuten programmiert ist. Der Wunsch, sich zu unterscheiden und der Wunsch dazuzugehören, stehen in einem ständigen Dauerkonflikt. Hier müssen Balancen ausgehalten werden, an die unsere Eltern sich nie gewöhnen mussten. Sie mussten nie zwei gegensätzliche Dinge wollen, sondern sie durften sehr häufig entscheiden: Entweder – oder. Von dieser Seite ist so ein ganzer Wertekanon gefährdet worden: «Entweder Du bist pünktlich oder Du bist unpünktlich.» Ein junger Mensch mag uns sagen: «Ich mag nach Deiner Uhr nicht pünktlich sein. Wenn Du hörst, warum ich zu spät komme, wirst Du einsehen, dass man das gar nicht mehr Unpünktlichkeit nennen kann. Da sind so schwerwiegende Gründe, warum ich nicht rechtzeitig gekommen bin, dass ich um Verständnis bitte.» Dann sagt der ältere Mensch: «Nur die Abmachung zählt.» – Der junge Mensch erwidert darauf: «Die Abmachung ist ja ohne Kenntnis meiner Probleme, die ich heute hatte, geschehen. Du kannst mich doch nicht auf gestrige Vorstellungen verpflichten, wenn ich heute einen ganz anderen Horizont meines Handelns habe.» Bevor wir darüber lächeln, müssen wir feststellen, dass das die Alltagsorganisation ganz gewaltig stört. Deshalb sollten wir versuchen, es auf andere Weise zu korrigieren. Das Argument jedoch zeigt den jungen Menschen als einen flexiblen Zeitgenossen, der sagt: «Ich kann nicht festlegen, was ich morgen tue.» Sie wissen, dass das auch weitergeht in Bemerkungen wie: «Ich kann auch nicht festlegen, was ich morgen glaube, sage, wofür ich einstehe.» Dann wird es allerdings gefährlich. Sie spüren, das ist ja der Titel dieser Vortragsreihe: Eine Gesellschaft im Wandel muss in der Lage sein, ältere Lösungsentwürfe ständig mit neuen Bedingungen des Handelns zu vergleichen. Wenn das den Wertbesitz nicht stört, müsste man sich doch wundern. Das sind lauter offene Fragen, und das wird unbequem, weil wir niemanden mehr festhalten können bei dem, was er gestern versprochen hat.

Wir müssen auch bedenken, wenn wir die Quellen der Wertveränderungen dieser Jahre untersuchen, dass sich die Geschlechterrollen revolutionär verändert haben. Es reicht, dass sie sich im Kopf verändern. Wenn jetzt jemand mit Frauenzahlen in Topetagen argumentieren will, ist das nicht ganz richtig. Die Befindlichkeit der Frauen hat sich sehr stark verändert. Das Zufriedenheitspotential in bestimmten Lebensbereichen ist stark zurückgegangen. Deswegen haben wir ganz neue Lebenseinrichtungen. Es gibt heute immer mehr einzeln lebende Menschen. Natürlich leben diese in wechselnden Freundschaften und Partnerschaften. Es gibt immer mehr Familien, die sich auflösen. Unser Widerstand gegen die Möglichkeit, dass etwas, was man früher als einen Bund fürs Leben schloss, sich morgen oder übermorgen auflösen könnte, wird immer geringer, ganz ungeachtet der Tatsache, dass da vielleicht Kinder sind, die Kontinuität benötigen. Der Wandel der Geschlechterrollen hat mächtige Umstürze im Wertsystem bewirkt, die wir überhaupt noch nicht verarbeitet haben. Wenn ich anfangs gesagt habe, dass Werte offenbar Lebenserfahrungen spiegeln, müssen wir sagen, dass wir hier staunend auf freier Strecke höchst beunruhigt und etwas fröstelnd unterwegs sind. Dass die Menschen frösteln in diesen Übergangs-Lebens-Einrichtungen, die sie privat haben, wo sie sich auf nichts mehr wirklich verlassen können, spüren die Marktteilnehmer beim Kundenverhalten. Der Kunde möchte heute Wärme haben; er verlangt einen verlässlichen Partner; er ist so sensibel, dass er sich viel schneller ärgert, dass er viel mehr übelnimmt. Das hat damit zu tun, dass nicht mehr so grosse Zahlen von uns in verlässlichen Familien leben. Wenn ich in einem tragfähigen sozialen Netz lebe, kann mir eine unfreundliche Verkäuferin nichts anhaben. Das Gegenteil ist heute der Fall: Eine unfreundliche Verkäuferin beeindruckt uns tief. Das liegt einerseits an unserem grossen Ego, weil wir uns sagen, dass es eine Unverschämtheit ist, so mit uns umzugehen. Andrerseits haben wir in unserem Perfektionismus das Gefühl, dass schon wieder etwas schiefgegangen ist. Da sagen wir zu uns: «Das fing schon so schlecht an heute morgen, etwas zu spät wach geworden, nichts im Kühlschrank, nicht gefrühstückt, ...»

Alle diese verlassenen Menschen, die fröstelnd umherlaufen, sind enorm empfindlich für schlechte Behandlung. Für unsere Elterngeneration war schlechte Behandlung im Markt selbstverständlich. Damals war es klar, dass die Leute missgelaunt sind, denn es war üblich, dass man nicht unbedingt Spass an seinem Beruf hatte. Wir haben gleich zwei Argumente, das skandalös zu finden. Erstens wollen wir nicht schlecht behandelt werden und zweitens können wir nicht akzeptieren, dass es Leute gibt, die keinen Spass an ihrem Beruf haben. Das ist doch nicht zumutbar! Da wird man doch krank, diese Menschen werden doch seelisch beschädigt! Sie sehen, welche Rolle das Pathos für das Bessere spielt, wenn die Werte wegrutschen. Wenn vor uns eine Generation steht, die mit dem wertbeschwerten Verhalten der Tradition aufräumt und an deren Stelle sich die Vision des Besseren durchsetzt, so ist das durchaus auch eine Gefährdung des Guten, das wir haben. Wir wollen nachher sehen, ob wir schon beim Besseren angekommen sind.

Die Ökologie als neuer Wertekanon?

Schliesslich die Ökologie: Die Ökologie hat auch ein neues Werteset nach vorn befördert. Allerdings wird das allgemein überschätzt. Es gibt eine ganze Reihe von Wertvorstellungen, die nicht mit der Ökologie gekommen sind, aber wir binden sie heute an die Ökologie. Es sind Wertvorstellungen, die mit einem geglückten Verhältnis zu den natürlichen Lebensrhythmen zu tun haben. Gesellschaften früherer Jahrhunderte, bei denen inmitten der Lebenden gestorben wurde, waren sich der Lebenszyklen bewusst. Sie wussten, dass von der Geburt bis zum Tod eine störanfällige Zeit abläuft. Die Ökologen haben uns eigentlich bloss daran erinnert, dass das Leben in Rhythmen von Werden und Vergehen verläuft. Es kehren da Werte wieder, die eine Einbettung in einen Grundkonsens verdienen und nicht ausgelagert werden dürfen in eine spezielle Ökologiedebatte. Ich befürchte, dass diese Debatte nicht dafür taugt, den Menschen Lust zu machen, die Natur zu erhalten. Immer weniger Menschen kennen die Natur, immer weniger Menschen können eine Eiche von einer Buche unterscheiden. Denen ist völlig egal, ob sie ein Eichen- oder ein Buchenblatt vor sich haben. Sie werden erleichtert lesen, dass das Eichensterben nicht so rasant stattfindet wie angenommen, dass das Waldsterben auch nicht so schnell vorangeht, usw. Diese Nachricht wird jetzt in den Zeitungen verbreitet, und das bedeutet für die meisten Menschen Entwarnung auf der ganzen Linie. «Ich kann mich also weiter als Waldverschmutzer oder als Waldvermeider bewegen, nämlich als Grossstädter, der die künstliche Welt liebt.» Die Natur wird so nicht überleben. Das muss anders angeboten werden.

Die Ökologie hat also scheinbar einige neue Wertegruppen nach vorn gebracht. Diese Werte waren allerdings schon in der Antike vorhanden. Die Antike hatte ein Werteset, das die ganze moderne Ökologie voll abdeckt. Das Geheimnis der Werte ist ja, dass sie nicht nur die Erfahrung der Menschen, die Möglichkeiten des Handelns spiegeln, sondern dass sie eine Prise Unerklärliches aufbewahren. Das hat mit dem zu tun, was wir die Würde des Menschen nennen, also das Sinnbedürfnis des Menschen, sein Wunsch in einem kleinen Winkel seines klugen Kopfes Dinge für möglich zu halten, die sich nicht rechnen und beweisen lassen. Das ist immer auch in Werten aufgehoben. Ich gebe Ihnen ein Beispiel: Ich habe von der Pünktlichkeit gesprochen. Warum lohnt es sich denn, höflich zu sein? Das muss man doch seit den 70er Jahren andern erklären. In Zeiten, wo das Rechtswesen manipulierbar geworden ist, ist es sehr schwer zu verstehen, was das folgende heisst: Die Annahme des besten Umgangs miteinander bedeutet nämlich den Schutz für unsere Standards. Weil wir uns nicht den Vorwurf machen lassen wollen, dass wir Idealisten sind, sind wir nicht mehr bereit zu sagen, dass wir immer ein Idealbild vor Augen haben, ein noch besseres, was uns eigentlich nie gelingt. Dabei wird aber, was uns gelingt, dadurch ein bisschen besser gemacht. Ohne ein Ideal der Höflichkeit, der Achtung, der Berechenbarkeit, der Glaubwürdigkeit, der Liebenswürdigkeit, der Zuwendung, der Kraft zur Sympathie, würden wir in unserem Alltagshandeln noch tiefer landen als ohnehin. Denken Sie an Platon, der das in den Mittelpunkt seiner Philosophie gestellt hat. Das Sinnbedürfnis ist im Grunde nichts anderes als der Traum von einer Welt, in der alles glückt. Die Religionen haben diesen Traum in den Paradiesesmythen aufgehoben, wo alles stimmt, wo zwar nicht Überfluss herrscht, wie in unseren Gesellschaften, aber genau deshalb das Leben leichter ist; wo das Auswählen leichter fällt, weil keine Überredung da ist und wo man weder schwitzt noch friert, weder dürstet noch hungert, aber auch nicht übersatt ist; ein Ideal also, das überhaupt nichts zu tun hat mit Schlaraffenland. Das Schlaraffenland ist das entartete Paradies. Das Ideal hat zu tun mit Balance. Alles im Gleichgewicht zu halten ist für uns Menschen das Allerschwierigste.

Werte regeln unser Handeln

Wir halten fest: Werte regeln unser Handeln. Sie haben offenbar auch damit zu tun, dass wir uns wechselseitig unsere Bedürfnisse erfüllen. Aber es ist nicht nur dieses, was im Sprichwort steht: «Was du nicht willst, dass man dir tut, das füge keinem andern zu», sondern die Werte haben mit etwas Wünschenswertem zu tun, von dem alle glauben, dass es ihnen simultan, nicht als verspätetes Feedback, sondern zugleich mit dem wertbeschwerten Handeln das Leben schöner macht. Werte sind keine unnötigen Behinderungen unseres Handelns und unserer Freiheit, sondern sie sind ursprünglich dazu da, das Zusammenleben nicht nur einfacher, sondern vor allem auch schöner zu machen. Sie liefern eine geglückte Mischung aus dem, was praktisch ist, dem, was sinnvoll ist und dem, was als schön erlebt wird. Werte bringen auch die Genussmoral mit dem, was man moralisch, ethisch, sittlich als richtig bezeichnet hat, zusammen. Hier blitzt ein Zusammenhang auf, der in den Gesellschaften fast immer zerrissen ist. Da sagt man: «Das mag ja schön sein, aber gut ist es nicht.» In den Idealvorstellungen aller grossen Philosophen hat das Schöne mit dem Guten immer zusammengehört. Wir wollen sehen, ob wir eine Zeit bewohnen, in der das endgültig auseinandergedriftet ist! Werte spiegeln Erfahrungen. Wenn Erfahrungen sich sehr rasch verändern, dann kommt auch Dissens auf, weil die Jugend eine neue Welt verkörpert. Jugend ist ja Zukunft, weil Erwachsene mit der Langsamkeit, die den Menschen auszeichnet, da er ja ein sehr altes Gehirn hat, nur das festhalten, was sie als gut, belastbar und brauchbar erfahren haben. Die Jugend drängt immer zur Trennung von Dingen, von denen wir sagen, dass sie sich bewährt haben. Spricht man witzelnd über Unternehmenskulturen, dann kann man immer dieses Beispiel anführen: Da sitzen Leute, die sagen dem Neuankömmling: «Pass' auf mein lieber Freund, halt' Dich eine Weile zurück. Du wirst hier viele Dinge sehen. Die haben wir immer schon so gemacht und die machen wir auch weiter so.» Und der zweite Satz dann: «Pass' auf, Du machst jetzt einen interessanten Vorschlag, aber das haben wir bei uns noch nie gemacht, das machen wir auch in Zukunft nicht.» Das sind zwei Versprechungen, die sagen: Innovation gibt es bei uns nicht. Die Gesellschaft im Ganzen, in ihren Alltagsgebräuchen behandelt die Neuankömmlinge immer so. Die intelligente, ausgearbeitete Logik des Zusammenlebens wehrt sich gegen die kreativen Neuerungen, die in jungen Köpfen sind: «Lasst uns etwas wagen!» sagen junge Leute. Die Älteren erwidern dagegen: «Um Gottes Willen, das ist immer schiefgegangen, was Du da vorschlägst. Das probieren wir niemals.» Wenn jetzt ein junger Mensch entgegnete: «Ich glaube Dir, dass es früher schiefging, aber heute ist die Stunde, wo es klappt,» dann wäre das ein sehr wichtiger Hinweis. Sie wissen, dass alles, was irgendwann gelingt, hundert Jahre vorher, zweihundert Jahre vorher in einem klugen Kopf gewesen ist, die Zeit war jedoch nicht reif dazu. Wir sehen im schönen Sinne des einen der beiden Sprichworte, dass der Verlust mit Neubeginn gepaart ist. Die Leute, die mehr zu verlieren als zu gewinnen glauben, sehen das Verlorene. Die Leute, die neu dazukommen, die noch gar nicht richtig in Besitz genommen hatten, was da war, sehen nur den Zugewinn. Das sage ich zunächst einmal ohne moralische Stellungnahme zu den Verlusten, die vielleicht viele beschäftigen.

Wertkonflikte unserer Gegenwart

Was aber sind denn die Wertkonflikte unserer Jahre? Da kommen wir auf diese politische Grossentwicklung, die gar nicht verarbeitet wurde, weil wir gleich so viel zu tun hatten. Es ist uns nämlich nach 1989 eine Regel, die Welt zu verstehen und zu ordnen, abhanden gekommen. Diese Regel ist die Freund-Feind-Regel, mit der die westliche Welt klar sagen konnte, was sie auf keinen Fall und was sie unbedingt bewahren will. Bewahren: die freiheitlichen Grundsätze der grossen, zum Teil sehr jungen Demokratien. Abwehren: Unfreiheit, Knechtschaft. Sehen Sie, was inzwischen geschieht? Verhaltensweisen aus den alten Zeiten werden weiter verwendet. Schauen Sie auf Tschetschenien! Die freie Welt, zu der jetzt auch Russland gehört, schaut hilflos zu. Sie hat nicht mehr die Möglichkeit, entschieden Stellung zu nehmen. Sie muss Balance halten. Sie darf nicht mehr in Freund-Feind-Bildern denken. Sie muss jemandem beispringen, den sie eigentlich einkerkern möchte. Die Welt der Blöcke wurde abgelöst durch eine Welt der potentiellen und tatsächlichen Partnerschaften. Weltweit halten Firmen und Staaten nur noch Ausschau danach, dass Partnerschaften möglichst gut fundiert sind und dass keiner mehr aus der Partnerschaft hinaus kann. Das ist die Umarmung statt des Waffenganges. Deshalb sind wir bei den Kriegen, die stattfinden, so hilflos, weil wir über keine Handlungsmöglichkeit verfügen wie früher. Selbst jedes Embargo trifft die Falschen. Das ist die Welt, in der wir jetzt leben: eine hochkomplexe, unübersichtliche, widersprüchliche Welt. Welchen Wertvorstellungen wollen wir da folgen? Was wollen wir hochhalten, damit wir uns nicht ganz verraten?

Soviel zum politischen Geschehen. Wir sehen aber, dass die Märkte genau dieses spiegeln. Es ist nicht mehr das Wachstum der Kolosse, das das Denken der Zeit bestimmt. Grosskonzerne verlieren nach dem Versuch, sich in kleine Einheiten aufzuteilen, an Macht. Ein Stein nach dem andern bricht aus diesen grossen Blökken heraus, so dass sie sich Partner suchen müssen, wo sie sich früher omnipotent geglaubt haben. Wir sehen dasselbe, was in unserem Kopf passiert, in der Beobachtung unserer Freunde und Nachbarn und im dauernden Vergleich dessen, was unsere Eltern uns gelehrt haben und was unsere Kinder uns lehren. Dasselbe geschieht auch grosspolitisch, weltwirtschaftlich. Das ist zunächst tröstlich, weil wir feststellen, dass wir mit unserer individuellen Erfahrung an einem globalen Prozess teilnehmen. Wir wissen, dass es Werte-Inseln gibt, ganz andere Kulturen, dass es Verspätungen gibt, dass es Pressure groups gibt, die schon im Übermorgen leben. In Palo Alto, im Silicon Valley gibt es junge Leute, die nur «online», «E-mail» und «Internet» in ihrem Kopf haben. Sind das neue Werte? Informatiker sagen uns: «Der neue Wert ist: Informiert sein!

Informationsgesellschaft!» Das ist selbst für uns und nicht nur für unsere Grosseltern und Eltern zweifelhaft. Das pure Besitzen und Umwälzen von Nachrichten kann doch kein Wert sein. Trotzdem wird das Spitzenprodukt der nächsten Jahrzehnte «Wissen» heissen. Allerdings kann das kein neuer Wert sein. Das macht Menschen nicht satt. Verfahrensweisen oder ein Know-how, das die Epoche bestimmt, sind noch keine neuen Wertvorstellungen, obwohl wir das überall lesen. Es wird uns gesagt, dass ein wertvoller und erfolgreicher Mensch nur sein kann, wer das Raffen von Wissen gelernt hat, wer in der Lage ist, mit den neuesten Werkzeugen Wissen zu speichern und umzuwälzen. Jeder von uns spürt, dass das nur die halbe Wahrheit ist. Das wäre der Aussage vergleichbar, Hammer und Zirkel seien die Wertvorstellungen der Industriekultur. Da werden Trivialitäten mit Essentiellem verwechselt. Wir leben in einer Zeit, die es uns sehr schwer macht, zur Substanz vorzudringen. Ich habe eben vom langsamen Menschen gesprochen. Es muss, wenn es im Kern der Werte um die Würde des Menschen geht, etwas geben, das länger gilt als Industriekultur-Epochen, Informationskultur-Innovationen, die Welt der Natels, der Erreichbarkeit, der Verfügbarkeit und bald dann schliesslich die Welt der Bildschirmkonferenzen, die angeblich das Reisen überflüssig machen. Daran glaube ich noch nicht, denn Menschen sind gar nicht in der Lage, ohne die tatsächliche physische Mobilität auch Erfahrungen zu machen. Es wird immer eine Mischung bleiben. Wir ahnen, dass eine hochkomplexe Zeit das Auffinden von Werten schwerer macht, dass die Widersprüchlichkeit der Botschaften, die wir aufnehmen und ihre schnelle Entwertung uns auch vorgaukeln, im Wertbereich sei das genauso.

Es hat in den 80er Jahren viele junge Leute gegeben, die als nachdenkliche und gutausgebildete Teilnehmer an der Wertedebatte gesagt haben: «Ja, weil das so ist, weil alles so schnell verloren geht, binden wir uns an nichts mehr wirklich.» Ein langfristiger Wert wie die Treue wurde schlicht beiseite geschoben. Heute hat sich das bereits wieder eklatant verändert. Wir reden inzwischen nicht nur im

Markt von Treue. Wir stehen nicht mehr auf dem Standpunkt, dass die Kundenbindung bloss Zufriedenheit zum Inhalt hat, sondern es muss vielmehr ein Treuebündnis sein. Da ist also ein privater Wert in die Öffentlichkeit gewandert, so wie das Wärmebedürfnis, von dem ich vorher sprach. Sie werden heute keinen jungen Menschen mehr finden, der sagt: «Mit der Treue kann ich nichts anfangen, das taugt nicht. Ich glaube nicht, dass ich das in meinem Leben brauchen kann. Ich brauche es nicht und bei meinen Freunden möchte ich es auch nicht sehen.» Die Realität spricht seit ungefähr fünfzehn Jahren eine andere Sprache. Die neue Bindungsbereitschaft in der Jugend fing damit an, dass die jungen Menschen merkten, dass die Verlässlichkeit der Elternbeziehung nachliess. Wenn man dann auch noch keine Geschwister hat, fängt man an, Freundschaften zu knüpfen, in denen man sich verhält wie ein Geschwister, fängt man an, Freundschaften über die Generationenschwellen zu knüpfen, bei denen man quasi väterliche Freunde hat, quasi mütterliche Freundinnen in anderen Generationen. Es hat sich heute eine neue Freundeskultur gebildet, mit der natürlich die Familienmenschen der Vorgenerationen nichts hätten anfangen können. Für sie war die Blutsverwandtschaft der Schlüssel für lebenslange Bindungen. Hier hat sich über die Jahrzehnte etwas vorbereitet, das wir heute ganz klar erkennen können. Wenn Sie heute mit Sechzehnjährigen sprechen, so erfahren Sie von diesen jungen Menschen, dass man Freundschaften pflegen muss. Wenn man sie fragt, was das heisst, antworten sie: «Ich tue alles, auch wenn ich aus dieser Schule heraus bin, damit ich meine Freunde oft genug sehen kann.» Präsenz ist die Nahrung für diesen Wert der Freundschaft. Das sind so grossartige Botschaften im Wertbereich, dass man als Mensch einer Vorgeneration staunend dasteht. Ich will Ihnen andere Werte zeigen, die auch die ältere, die Leistungsgeneration etwas erschrecken oder verunsichern. Es gab in der Zeitschrift «Fortune» eine grosse Umfrage in der jungen Generation der Fünfundzwanzig- bis Dreissigjährigen, die zum Teil schon aus erstklassigen Lebenszeitjobs bei Giganten wie General Motors wieder ausgestiegen waren, obwohl Vater, Onkel, Grossvater auch in der Firma gearbeitet hatten. Wenn man diese jungen Leute fragt: «Warum hast Du diesen hoffnungsvollen Anfang nicht fortgeschrieben?» haben sie geantwortet: «Meine Vorstellung von Lebenserfolg ist eine andere.» Diese Menschen zeigen Mut, wenn sie sich von herkömmlichen Lebenserfolgsvorstellungen abkoppeln, wenn sie gegen die Vätergeneration und die grossen Firmen, die einem sagen, wie ein erfolgreiches Leben aussieht, ihre eigene Vorstellung behaupten. Dieser Mut ist gleichzeitig mit den neuen Kategorien da – und die neuen Kategorien heissen: «Ich habe festgestellt, dass ich mit zu vielen Stunden meines jungen Lebens in dieser Firma präsent sein musste, um weiterzukommen, dass ich nicht mehr genügend Zeit hatte,» – und jetzt zitiere ich eine der befragten Personen, «die Wolken ziehen zu sehen und am Fluss zu sitzen.» Auf die nächste Frage kam dann die Antwort: «Ich habe auch nicht genug Zeit, mit meiner Freundin zusammen zu sein.» Hier wird entschieden ein Wertemuster wieder eingefordert, das eine merkwürdige Mischung aus privaten Desideraten und öffentlichen Zielen ist. Denn wenn wir keine Zeit mehr haben, uns umeinander zu kümmern, dann passiert, was schon einmal passiert ist: Die Familie wird in ihrem Wert nicht mehr erkannt. Frauen können ihren eigenen Wert nicht mehr erkennen. Kinder können nicht mehr geschützt heranwachsen. Mehr Zeit zu haben, ist auch ein ökologischer Wert. Wenn jemand sagt: «Ich möchte die Wolken ziehen sehen,» – dann können wir ja dankbar vermerken, dass er offenbar seinen eigenen Weg findet, gesund zu bleiben. Man könnte ihm auch entgegenhalten: «Entschuldigung, was bedeutet das ingenieurwissenschaftlich, wenn Du bei General Motors sein könntest, vor Deinem Reissbrett sitzend oder mit CAD neue Entwürfe zeichnen? Was bedeuten da ziehende Wolken? Du bist ein Schwärmer, ein Träumer, ein Spinner! Du gehörst nicht in diese Firma!»

Der junge Mensch hat die Kraft, allein zu wissen, was er braucht. Hier entstehen neue Werte. Sie öffnen sich wie Knospen, wenn wir solche Gespräche führen. Es stimmt nicht, dass dies einen Rückgang der Leistungsbereitschaft bedeutet. Da kommen neue und alte

Dinge zusammen, und die möchte Ihnen jetzt im Zusammenhang zeigen.

Die Gültigkeit eines alten Wertekanons

Da gibt es nämlich einen ganz alten Katalog von Werten. Dieser Katalog zählt immer noch, weil der Mensch viel langsamer mutiert als die Welt, die er produziert. Alle tausend Jahre, kaum wahrnehmbar in unserem Gehirn, geschieht vielleicht eine winzige Mutation, alles andere ist Lernen und Training. Wir sind in einer Zeit, wo das Lernen uns überfordert, weil es Abschiede mit sich bringt, diese schmerzlichen Abschiede von früherem Wissen, Können und Wertvorstellungen. Man stellt schnell fest, dass all diese Werthülsen, das Informiert-sein, dieses Weltweit-unterwegs-und-überall-gewesen-sein, das Alles-verstehen, dieses Ein-kleiner-Profi-in-allen-möglichen-Sparten-sein, dieses scheinbar neue Werteset uns vielleicht Spass macht, aber uns nicht satt macht. Der Wertekatalog, mit dem man es probieren könnte, hat seinen Weg durch die ganze abendländische Geistesgeschichte gemacht. Er stammt aus der Antike, wir finden ihn bei ARISTOTELES, etwas abgewandelt bei AUGUSTINUS, bei THOMAS VON AQUIN, und wir finden ihn etwa bei einem modernen Dominikaner wie BASILIUS STREITHOFEN. Es sind die sogenannten vier Kardinaltugenden: Vernunft, Gerechtigkeit, Mut und Mass. Das ist also lebendig geblieben. Warum? Es könnte ja sein, dass in diesem Wertekatalog eine Flexibilität vorhanden ist, die auch auf unsere heutige Bedarfslage passt. In der Tat. Ein Werteset, das nicht unserer Lebenserfahrung entspricht, kann nicht funktionieren. Offenbar aber sind da Dinge aus ferner Zeit vorhanden, die auch heute noch passen. Wenn wir das Gefühl haben, alles gehe abwärts – und dieses Gefühl ist ja heute sehr verbreitet, können wir prüfen, ob nicht in unseren täglichen Kleinentscheidungen doch ein Gemisch aus Werten unserer Eltern, Werten unserer eigenen Lebensbahn und Werten, ich sag es nochmal und betone das –

unserer Schüler und Kinder uns einen Boden geben, auf dem wir uns sicher bewegen können.

Wir haben sehr viel von der Jugend zu lernen, und wenn wir das nicht tun, so sind wir nicht nur im Sinne der Werbung von gestern, sondern vor allem im Sinne des Wettbewerbs. Wenig Umgang mit Jugend kostet uns soviel Lebensqualität, dass man sich schon aus diesem pragmatischen Grunde junge Leute suchen muss, wenn man keine eigenen zur Verfügung hat. Nochmal: nicht wegen des Jugend-Know-how, das man sich anhängen will, sondern wegen einer Qualität, die darüber hinausgeht. Ich habe diesen Begriff von einem skandinavischen Kollegen sehr beeindruckt aufgenommen: Man muss das Know-how ergänzen durch das Know-why, – «wozu strenge ich mich an?» Dieses Know-why, – «wozu ist es gut?» – das bekommt man nur, wenn man in verschiedenen Generationen mit riesengrossen Ohren unterwegs ist. Sie werden staunend sehen, wie diese alten vier Kardinaltugenden tatsächlich heute, egal ob Sie in der Wirtschaft tätig sind oder ob Sie im sozialen Bereich oder im wesentlichen als Privatmensch unterwegs sind, wie sie überall taugen, wie sie aber auch ein hohes Mass an Disziplin und Kontrolle bringen. Hier kommt das zusammen, was den Wert ausmacht: Er ist Erfahrungsdestillat. Er ist Richtschnur für Handeln. Er ist das Fundament, das wir haben und die Norm, die uns garantiert, dass wir jeden Tag daran erinnert werden, und er ist zugleich Sinnlieferant. Er hilft uns festzustellen: Es lohnt sich, dass du dich anstrengst, es lohnt sich, auch wenn es jetzt schiefgeht, dass ich mir jetzt Mühe gebe.

Die vier Kardinaltugenden: Die Vernunft

Es ist zuerst die Vernunft, von der Thomas von Aquin so schön gesagt hat, sie sei die Mutter aller Tugenden. Moderne Moraltheologen sprechen von der Alltagsklugheit. Mit besonderer Klugheit hat das nichts zu tun. Es gibt Leute, die lichtvolle Vorträge darüber halten, dass man noch nie so intelligent sein musste wie heute. Ich frage mich, was das für Folgen hat. Intelligenz kann man sich ja glücklicherweise nicht einfach zulegen. Wir sind ganz unterschiedlich intelligent, und das ist gut so. Die Mutter aller Tugenden ist also die Vernunft, die Alltagsklugheit. Was heisst das inhaltlich? Das ist so erleichternd einfach. Ich will Ihnen vorlesen, was ARISTOTELES dazu sagt: «Die Klugheit lehrt uns bei allem, was wir an kleineren und grösseren Entscheidungen zu fällen haben, abzuwägen.» Abwägen heisst: «Denke nach auf dem Hintergrund dessen, was Du weisst. Stelle fest, ob Du genug weisst, um die Entscheidung zu treffen, höre anderen zu, versuche zu einem Urteil zu kommen, indem Du mit Vorsicht, Umsicht und Voraussicht mit Deinem und dem Verstand der anderen umgehst.» Da ist also unter dem Banner der Alltagsvernunft eine Menge Alltagstugenden versammelt. Nach dem Schritt des Abwägens kommt das Urteil. «Wenn du ein Urteil gewonnen hast, musst du entscheiden.» Du musst entscheiden und das in einer Zeit, wo wir niemals sagen können, dass wir alle Gesichtspunkte sehen. Es ist alles viel zu vielschichtig geworden. Man *muss* entscheiden. Sie wissen, dass das heute das Hauptproblem jeder grossen Führungsaufgabe ist: Wir müssen entscheiden, obwohl wir wissen, dass immer Fehlerquellen enthalten sind. «Bemühe immer alle Instrumente, die Du hast, um zu einem richtigen Urteil zu kommen.» Da weht nicht nur die Luft der Moral, sondern das sind fast handwerkliche Anleitungen, um es richtig zu machen. Was dabei aber herauskommt, ist werthaltiges Handeln. Die Erfahrung und das Zuhören sind die Hilfstugenden, die die Vernunft überhaupt lebensfähig machen: Umsicht, Voraussicht, Einsicht, die Bereitschaft zuzuhören, aber dann auch: Scharfsinn, Phantasie und Entschlusskraft, – die Phantasie unter dem Motto: «Bedenke das Ende.» Es gibt ja Leute, die bezeichnen sich nicht nur in Zeitungsannoncen als entscheidungsfreudig. Das heisst dann: «Ich bin einer, der entscheidet Hals über Kopf. Ich schaue gar nicht lange hin. Ich kann nur entscheiden, wenn ich nicht zu lange hinschaue. Wenn ich ins Abwägen komme, kann ich nicht mehr entscheiden.» Da ist ja etwas Wahres daran. Aber das Gebot der Klugheit ist ein anderes: «Du wägst ab, dann musst Du entscheiden. Dafür brauchst Du Verantwortung.»

Die Gerechtigkeit

Kommen wir zur Gerechtigkeit: Unsere Gesellschaft ist inzwischen so komplex, dass es kaum noch möglich ist, Rechtstatbestände wirklich festzuhalten. Da gibt es diesen schönen lateinischen Satz: *suum cuique.* Jedem das Seinige. «Gib jedem, was ihm zusteht!» Wir müssen uns damit befassen, was Leuten zusteht, worauf sie ein Recht haben. In vielen kleinen Dingen in der Auseinandersetzung mit den Mitmenschen haben wir nicht überlegt, was dem andern zusteht, sondern immer, was mir zusteht. Was möchte ich mir jetzt holen? Das ist die Gesellschaft, in der wir leben, die Gesellschaft der erfolgsbewussten Leute, wo behauptet wurde, dass Interessengruppen ihre Interessen durchsetzen. Das war die Welt der Blöcke: Was wir für uns gewinnen, nehmen wir andern weg. Wir sind in diesen Jahren erst dabei zu lernen, dass das nicht stimmt, obwohl die alten Marktwirtschaftler das immer wussten. Da hiess es nämlich: Marktwirtschaft ist Geben und Nehmen. Wenn auf die Dauer immer mehr genommen wird aus diesem System als gegeben, wenn die Gruppen, die geben, eindeutig identifizierbar sind und immer kleiner werden und die Gruppen, die nehmen, immer grösser werden, dann entsteht in so einem Staat eine kriegerische Gesamtstimmung. Hier wird vieles berührt, was die moderne Arbeitsmarktproblematik beschreibt: Man muss jedem geben, was ihm zusteht, und man sollte nie denken, man könnte auf Dauer dem Ganzen etwas wegnehmen, was nicht auch für den Nehmenden selbst zu einem Nachteil ausschlägt. Das ist jetzt zur Debatte von Arbeitnehmern und Arbeitgebern kurz und knapp zu sagen: Die beiden Seiten müssen sich endlich wieder darüber verständigen, dass es nicht darum geht, mit Tricks und unter Ausnutzung von langen Fehlerketten anderen etwas abzujagen, was man dann seinen Leuten stolz nach Hause trägt. Ein solches Verhalten schlägt nach kurzer Zeit in einen Nachteil für alle um. Das ist die Situation heute: Nachteile für immer mehr Menschen, Nachteile für alle, weil wir uns so auseinanderdividiert haben. Das ist eine Frage der Gerechtigkeit, der Fähigkeit in Gerechtigkeitskategorien zu denken.

ARISTOTELES sagt, die Gerechtigkeit ordne unser Verhalten zu anderen und zu Gruppen, ja sogar zu uns selbst. Was steht mir zu? Was darf ich mir nehmen? Wieviel habe ich gegeben? Oder bin ich jemand, der zu schwach oder zu krank ist, oder nur zu faul, genügend zu geben? Die ganze moderne Wohlstandsproblematik ist da enthalten und weiter, was man nicht bedenkt, Menschenrechte, Grundrechte sind in der Frage der Gerechtigkeit aufgehoben. Da geht es nicht um einen plötzlich im neunzehnten, zwanzigsten Jahrhundert oder vielleicht auch mit der amerikanischen Unabhängigkeitserklärung entdeckten Kodex an Menschenrechten. Die Menschenrechte waren längst erkannt. Die Verwirklichung ist immer ziemlich daneben gegangen und ist auch heute weltweit nicht exzellent, aber das Wissen darüber, was das ist, hat die Menschen immer begleitet. Dazu gehört das Leben, die körperliche Unversehrtheit und der Gerechtigkeitsbegriff. Das steht Menschen apriori zu und zwar unabhängig von ihrer Leistung. Gewissensfragen, Fragen der freien Meinungsäusserung gehören alle unter das Kapitel der Gerechtigkeit, auch die Pressefreiheit und ihre Ausbeutung und Ausweitung. Gerechtigkeit sorgt für das friedliche Zusammenleben der Menschen, sagt ARISTOTELES.

Der Mut

Schliesslich drittens der Mut: jeder wird von sich wissen, ob er mässig mutig oder extrem mutig ist. Wichtig ist grundsätzlich zu wissen, dass auch der Mut eine Sache der Balance ist. Mut ist eben nicht das Vorwärtsstürmen in die Schlacht. Mut, sagt ARISTOTELES, ist der schmale Grat zwischen Feigheit und Tollkühnheit. Das ist ganz unangenehm. Dieses Mutigsein, das uns als ein strahlendes

Ideal oder als eine Torheit vor Augen steht, ist ein Balanceakt gegen die Versuchung der Feigheit und gegen die Versuchung der Tollkühnheit. Wenn wir die Biologen bemühen, so hören wir von der Selbsterhaltung. Selbsterhaltung ist am Ende eine Tugend, und da kann Fliehen mutiger sein, vernünftiger sein, als das Vorwärtsstürmen. Die Fähigkeiten von Männern und die Fähigkeiten von Frauen sehen wir darin schön abgebildet. Wir wissen, dass das Grundverhalten der Männer eher der Kampf ist, der Wettbewerb. Das Grundverhalten der Frau ist jetzt nicht etwa die Flucht. Das ist nämlich anders, sehr viel besser und schöner. Die Frau schützt die Jungen. Die Frau harrt aus, damit die Zukunft überlebt. Da sehen Sie einmal mit einem kleinen Zugriff, was Frauen eigentlich Kulturerhaltendes können, was sie im Begriffe sind preiszugeben, weil sie sich ständig nach männlichen Domänen ausstrecken, wenn sie sagen: «Ich möchte auch so ein Fighter sein, der in der Topetage sitzt.» Bloss macht es den Frauen gar keinen Spass, wenn sie da oben sitzen.

Ich behaupte, es sitzen vor allem deshalb so wenige da oben, weil es Frauen nicht soviel Spass macht. Diese Karriere nach oben zu machen mit all den Zwischenschritten ist nicht wegen der Ellbogen keine Sache für Frauen. Das ist ein dummes Vorurteil der 70er Jahre. Die Frau kann nicht so verabsolutieren, sie kann mit diesem eingleisigen Erfolgsmodell nichts anfangen. Die Frau schaut rechts und links, nicht weil sie abgelenkt ist, sondern weil sie sieht, dass da das eigentliche Leben in seiner Vielfalt läuft. Die Frau schützt die Zukunft. Wir haben beeindruckende Forschungen, die das in der ganzen Welt der Säuger zeigen. Dass wir den Säugern verwandt sind, darf man, ohne in den Verdacht des Darwinismus zu geraten, auch heute sagen. Da stellen wir fest, dass Frauen die Innovationslieferanten der Kultur sind, weil sie sich der Jugend zuwenden. Wir beobachten etwa bei Pavianen, bei Schimpansen, dass die Mütter von den Jungen die neuerfundenen Werkzeuge übernehmen und sie den selbstgerechten Patriarchen, die da irgendwo auf ihren Ästen sitzen, behutsam näherbringen. So ist das in der menschlichen Kultur auch. Innovationsbeschleuniger sind Frauen. Die Frau ist nicht unbedingt machtorientiert. Für sie ist es ja nicht so wichtig, ob das Pfund Werte, das sie mit sich führt, so unbeschädigt bis in ihr achtzigstes Lebensjahr mit ihr geht. Der Frau ist das Zusammenspiel mit dem Leben im Ganzen wichtig. Sie kümmert sich darum, dass die Männer in Konsens mit den Nachrückern kommen. Das sind Aufgaben, die man natürlich auch in Unternehmen findet. Deshalb sind Frauen gute Personalverantwortliche, deshalb sind sie gute Kommunikatoren. Man könnte da behaupten, sie wären noch zu wenig vertreten, aber die Personalführungsaufgabe ist oft noch gar nicht verstanden vom männlichen Management. Deswegen ist das Spitzenmanagement für Frauen noch nicht so attraktiv. Vielleicht kommt das eines Tages. Zum Mut also kommen nach ARISTOTELES Geduld, Ausdauer und Grosszügigkeit. Das hört sich nicht nach einem landläufigen Bild von Mut an. Geduld, Ausdauer und Grosszügigkeit brauche ich, um überhaupt mutig aufzutreten. Mut ist nicht die Torheit, hat nichts damit zu tun, einfach die Wahrheit zu sagen, weil man zu dumm ist, klug zu überlegen und zu verschleiern. Es kann sein, dass jemand, der zuerst überlegt und vielleicht auch einmal einen Sachverhalt etwas verschleiert, sehr viel mehr abgewogen und nachgedacht hat, als jene, die plump einer scheinbaren Wahrheit das Wort reden, oder auch als die anderen, die sich mit intelligenten Intrigen in Winkel flüchten.

Das Mass

Was ich eben erwähnt habe, sind lauter Masshalteleistungen. Das ist auch die Wiederkehr der Ökologie auf andere Art. Das Mass also, wieder sehr einfach kommentiert, ist das vernunftgemässe Leben, um einen Ausgleich zu finden zwischen Zuviel und Zuwenig – so einfach ist das. Da haben wir die neuen Formen der Askese. Es gibt sehr viele moderne Askesestrategien. Eine davon ist regelmässig zu laufen, weil man weiss, dass man Bewegung braucht, überhaupt bestimmte Sportarten aus dem breiten Fächer des Volkssports setzen ein Verhalten voraus, das auf Selbstdisziplin gründet. Das ist ein Stück neuer Askesekultur. Ein Grossvater kann dasitzen und sagen: «Mein lieber Junge, das ist ja schön, dass Du jeden Abend läufst, aber ich hatte mir Deine Disziplin auf anderen Gebieten gedacht.» Da muss der junge Mensch sagen: «Lieber Grossvater, heute ist dieses Gebiet wichtiger. Wir sitzen zu viel, wir fahren Auto, wir fahren Aufzug, wir bekommen einfach zu wenig Bewegung.» Fragt man weiter nach, kann man das gar nicht mehr bagatellisieren. Wir wissen inzwischen, dass unser Gehirn unsere Immunität nur intakt halten kann, wenn wir genügend Bewegung haben. Unsere Abwehrleistungen gegen Krankheiten sind unmittelbar damit verknüpft, ob wir uns genügend Bewegung verschaffen, nicht nur in dem Sinne: Wer rastet, der rostet. Das ist viel komplexer. Die Amerikaner haben erforscht, dass die Endorphine, die in unserem Gehirn bei Hochbelastung freigesetzt werden, unsere Stimmung verbessern. Warum kommt der Läufer immer so glücklich nach Hause? Nicht nur, weil er sich überwunden hat, sondern weil es ihm tatsächlich besser geht, messbar besser.

Das kann man übrigens auch für eine ganz andere Lebensfunktion feststellen, die ebenfalls bei allen, die Spitzenleistungen erbringen müssen, verfügbar sein sollte. Das ist das Lächeln. Die Bereitschaft, einem Mitmenschen in der Dienstleistungsgesellschaft ein freundliches Gesicht zu zeigen, hat buchstäblich sehr ernste Folgen für unsere Gesundheit. Wir bewegen ein Muskelset, das aus 14 Muskeln besteht, wenn wir lächeln, 32 Muskeln, wenn wir ernst schauen. Also wenn wir richtig bedeutend und ernst schauen, brauchen wir mehr Energie. Lächeln wir dagegen mit vierzehn Muskeln, schüttet unser Gehirn, ähnlich wie beim Läufer, Endorphine aus und das heisst, dass wir augenblicklich die Belohnung erhalten. Wir sind dann wirklich so heiter, wie das Gesicht, das wir dabei machen. Ausserdem kann unser Gegenüber der Einladung nicht lange widerstehen. Lachen ist eine soziale Versuchung. Kaum einer bringt es fertig, länger nicht zu lächeln, wenn ein anderer lächelt. Es ist wirklich ein feindseliger Akt, länger nicht zurückzulächeln.

Versuchen Sie es einmal selbst: Auch wenn Sie nicht wollen, Sie haben keine Wahl, Sie müssen zurücklächeln. Tatsächlich hat man gemessen, dass über Tage die Immunlage jener Menschen besser ist, die bereit sind häufig zu lächeln. Es lohnt sich mit diesen einladenden sozialen Gesten durch die Welt zu gehen.

Warum erzähle ich das? Die Dinge gehören zusammen und spielen zusammen. Wir können nicht einfach etwas in die Ecke stellen und sagen, dass wir damit nichts zu tun haben. Wenn wir Kopfarbeiter sind, heisst das noch lange nicht, dass wir unseren Körper vernachlässigen dürfen. Das können wir auf alles andere übertragen, auch auf die Unternehmen, auf eine Familie. Wenn das Informationssystem, das Kommunikationssystem, das unseren Organismus ausmacht, auf Dauer gestört ist, dann gelingt uns nicht nur das Masshalten nicht, dann gelingen uns auch alle anderen Tugenden nicht. Für das private Leben heisst das, dass der Umgang mit den eigenen Ressourcen ausgewogen sein muss. Die Bereitschaft, öffentlich wie persönlich mit den Ressourcen verantwortlich umzugehen, ist Masshalten. Ich werde also nicht sagen, ich bin ab heute ein Ökologe, ich werde alle Leute quälen mit meiner ökologischen Ideologie, werde als neuer Jünger dieser Religion durch die Welt gehen und lauter Abwehr produzieren gegen Ökologie, sondern ich werde deutlich machen, dass das ein Spiel der Balancen ist, das wir wieder lernen müssen. Und die Helfer für diese Tugend des Masshaltens, – man staune, – sind Demut, Wissenseifer und Bescheidenheit. Es sind wieder ganz klare ethische Qualitäten, die das Masshalten auch im vordergründigen Sinne beflügeln.

Die schöpferische Unvernunft

Da gibt es jedoch immer Leute, die uns sagen, dass das alles gut und schön ist: Die Mutter als Schirmherrin aller Tugenden sei also die Vernunft; und gleichzeitig wissen wir, dass die schöpferische Unvernunft die Welt bewegt. Die Leute, die über den Zaun springen, die Leute, die keine Lust haben, das, was schon alle können, noch weiter zu machen, denen etwas Neues einfällt. Diese Leute, die uns durch ihre Ideen stören, sind die eigentlichen Innovatoren. Da muss man feststellen, dass es buchstäblich Aufgabe der Vernunft ist, der Umsicht, der Weitsicht, der Erfahrung, genau dieser Minderheit von träumenden Störern genügend Raum zu geben. Sicherlich: Die Unvernunft bewegt die Welt. In Zeiten des Wandels ist es sehr wichtig, dass jemand mit dem Hammer auf eine erprobte Wertvorstellung einschlägt. Dem muss man Raum geben, zuhören und sich fragen, ob er vielleicht Recht hat. Vielleicht ist hier wieder etwas fällig. Ja, was denn? Vor der Umdefinition, dem Neuverständnis brauchen wir keine Angst zu haben. Wir können das umso leichter zulassen, wenn man in dieser Gewissheit lebt, dass wir Menschen so langsame Wesen sind, dass uns auch heute noch schlecht bekommt, was schon ARISTOTELES schlecht bekommen ist. Wir sind mit einer Grundausstattung an Erbmaterial unterwegs, die dafür sorgt, dass wir uns nicht auf Dauer Wertekataloge zumuten, die einer Mehrzahl von uns das Leben schwerer als nötig macht. So kann man sich als Anwalt einer vernünftigen, gerechten, mutigen und massvollen Wertkultur auch heute auf dem letzten Stande der Zeit wissen.

****

Kaspar Villiger

Perspektiven der Schweiz in einer Welt im Wandel

I.

Die Schweiz befindet sich zurzeit in einer Phase des Umbruchs. Doch dieser Wandel findet eher unter der Oberfläche statt. Viele spüren kaum, dass sich etwas bewegt. Eigentlich müssten Veränderungen eingeleitet werden, bevor die Einsicht in breiten Bevölkerungskreisen tief verankert ist, dass sich etwas ändern muss. Aber oft sind jene, die sie spüren, völlig uneinig, in welche Richtung die Anpassungsprozesse gehen sollten. In den letzten Jahren haben sich viele Rahmenbedingungen für die Schweiz fundamental verändert. Lassen Sie mich zu diesem Umbruch einige Stichworte geben.

Der Umbruch nach dem Fall der Mauer hatte wesentlich grössere Verwerfungen zur Folge, als viele zunächst erwarteten. Der Zusammenbruch der kommunistischen Ideologie und der sich darauf abstützenden zentralistischen Herrschaftsstrukturen reaktivierte eine Reihe alter Konfliktherde. Die gesellschaftliche und wirtschaftliche Misere, welche der reale Sozialismus hinterliess, überstieg das vorher vorstellbare Mass.

Man hat auch den Eindruck, das Vorhandensein eines klar definierten ideologischen und militärischen Gegners habe auf die westlichen Demokratien disziplinierender gewirkt, als uns dies während der Jahre des Kalten Krieges bewusst war. Der Wegfall dieses Orientierungsmusters hat zu einer Art Chaotisierung der gesellschaftlichen und politischen Prozesse auch in bestandenen Demokratien geführt, welche Risiken, aber wohl auch Chancen enthält. Die durch diese Bewegungen entfesselten Kräfte wirken wuchtig auf eine Gesellschaft ein, welche durch eine rasante Informatisierung und eine tiefgreifende globale Deregulierung ohnehin schon kräftig durchgeschüttelt wird.

Diese globale Deregulierung, dazu die ständige Abwanderungsbereitschaft und Abwanderungsmöglichkeit von Kapital, Arbeitsplätzen und Know-how, sowie die zeitverzugslose und geografisch unbegrenzte Informationsvermittlung führen zu einem erbarmungslosen Konkurrenzkampf der Wirtschaftsstandorte. Dies wiederum hat einen merklichen Druck in Richtung des Ausgleichs von Wohlstandsgefällen zur Folge.

Die Schweiz steht mit ihrer weitgefächerten Exportwirtschaft mitten im Spannungsfeld dieser neuen globalen Herausforderungen. Unser Wohlstand ist bedroht. Ihn zu sichern, ist zum derzeit drängendsten Problem geworden. Es geht um nicht mehr und nicht weniger als die Konkurrenzfähigkeit des Wirtschaftsstandortes Schweiz.

II.

Die Demokratien, früher oft als schwach und wankelmütig gescholten, haben sich als den Diktaturen überlegen erwiesen. Und die Marktwirtschaften haben sich als weit leistungsfähiger als die Planwirtschaften gezeigt. Man möchte meinen, damit sei die Lage ein für allemal geklärt. Vordergründig ist das auch so. Niemand stellt offen Marktwirtschaft und Demokratie in Frage. Aber der Wegfall der schlechten Beispiele im Osten scheint es möglich zu machen, dass auf subtilste Art Ideen wieder auftauchen, die man überwunden glaubte. Sie kommen meist in Frageform. Können Demokratien die immer komplexer werdenden Probleme des Planeten überhaupt noch lösen? Ist die Schweiz mit der direkten Demokratie überhaupt überlebensfähig? Sollten jetzt nicht starke Führungspersönlichkeiten subito die richtigen Entscheide fällen können? Ist die Marktwirtschaft letztlich nicht auch eine Ideologie, die es zu hinter.fragen gilt, die in der Praxis der ständigen Korrektur bedarf? Kann man den Marktkräften wirklich trauen, oder sollte der Staat nicht endlich viel aktiver werden und die Dinge in die richtige Richtung bewegen? Ist nicht letztlich doch alles machbar, wenn man nur will, und sind all die ungelösten Probleme nicht nur deshalb vorhanden, weil man eben nicht will? Sind an der dauerhaften Misere in einigen der ehemals kommunistischen Staaten nicht doch eher die marktwirtschaftlichen Gehversuche als die planwirtschaftlichen Altlasten schuld? Solche unterschwellige Zweifel sind riskant. Sie können dazu führen, dass die marktwirtschaftlichen Rahmenbedingungen schleichend wieder unterlaufen werden. Wirtschaftspolitische Betriebsamkeit ist gefragt, dem Staat werden ständig neue Aufgaben aufgebürdet. Was Wunder, wenn sozusagen als Gegenbewegung ebenso subito eine radikale Deregulierung, Ausforstung des Steuerdschungels, Kompression der Kosten und Privatisierung des Sozialstaates gefordert wird!

Die gescheiterten Experimente mit den Planwirtschaften haben gezeigt, dass komplexe und vernetzte Systeme, wie es die Volkswirtschaften darstellen, von einer Zentralbehörde nicht erfolgreich gesteuert werden können. Die Menschen entwickeln die nötige Leistungsbereitschaft und die unabdingbare Kreativität nur in dezentralen und freiheitlichen Ordnungen. Diese sind dann erfolgreich, wenn sie auf einem Fundament ethischer Überzeugungen beruhen. Freiheit ist notwendig, aber nicht hinreichend. Sie muss mit Verantwortung genutzt werden. Auch die Schweiz muss auf diese Werte setzen, wenn sie in einer schwierigen Welt bestehen will.

III.

Ich möchte mich zunächst der Frage zuwenden, ob unsere direktdemokratischen Institutionen noch in der Lage sind, die neuen Herausforderungen zu bewältigen. Kann ein so träges System, das die halbdirekte Demokratie mit Föderalismus, Zweikammersystem,

Zauberformel und Konkordanz kombiniert, eine genügend rasche Anpassung an neue Umstände noch gewährleisten? Zweifellos stösst unser System an Grenzen, zweifellos bedarf es der ständigen Anpassung, aber im Grundsätzlichen haben wir dazu keine Alternative. Gestatten Sie mir dazu einige Überlegungen!

Viele unserer Probleme sind nicht deshalb schwer zu lösen, weil institutionelle Hürden zu überwinden sind. Die Probleme an sich sind schwierig. Und wer keine Sachlösungen anzubieten hat, flüchtet sich allzugerne in die Forderung nach der Reform der Institutionen.

Gewiss ist unser politisches System träge. Aber manchmal bewahrt es uns aber auch vor zu schnellen Entscheiden, die wir vielleicht hinterher bereuen würden.

Wer glaubt, ohne oder mit eingeschränkter direkter Demokratie wären unsere Probleme besser lösbar, mag in bezug auf die Raschheit von Beschlüssen recht haben, nicht aber in bezug auf die Qualität. Interessen können sich in einem Parlament auch ohne Volk gegenseitig blockieren, erleuchtete Eliten sind erfahrungsgemäss langfristig nicht klüger als breite demokratische Prozesse, und der Zwang, sie stets vor dem Volk rechtfertigen zu müssen, fördert die Qualität politischer Entscheide. Aus meiner eigenen parlamentarischen Erfahrung heraus neige ich zur Überzeugung, dass Staats- und Steuerquote ohne direkte Demokratie bei uns längst europäischem Durchschnitt entsprächen. Man soll die Modalitäten der direkten Demokratie durchaus periodisch kritisch hinterfragen. Ein Pfeiler unserer politischen Kultur muss sie bleiben. Denn von Bedeutung ist auch, dass sie Entscheiden hohe politische Legitimation und Akzeptanz verleiht.

Man darf auch ein politisches System nicht nur nach Effizienzkriterien messen. Ein Staat ist keine Firma. Ebensowichtig sind soziale Komponenten, wie Zusammengehörigkeitsgefühl, Identifikation,

Integration, Geborgenheit, Mitbestimmenkönnen oder Schutz von Minderheiten.

Es hat viel mit unserer politischen Kultur zu tun, wenn wir einer der wenigen Vielvölkerstaaten sind, die eine erfolgreiche Geschichte des Zusammenlebens haben. Ich fürchte deshalb, dass unbedachte Eingriffe in das institutionelle Gefüge unserer verletzlichen Willensnation zu gefährlichen Instabilitäten führen könnten.

Ich will das alles nicht glorifizieren. Anpassungen an die heutige Zeit sind möglich und nötig. Die Verfassungsreform wird die Diskussion über solche Fragen ermöglichen, und die Regierungs- und Verwaltungsreform, die aus letztlich kaum nachvollziehbaren Gründen so umstritten ist, könnten zu beachtlichen Effizienzsteigerungen führen, ohne die Vorzüge des Systems zu gefährden.

Ein wesentliches Element unserer politischen Kultur ist auch die Konkordanz. Darunter verstehe ich den Einbezug eines Grossteils der politisch einflussreichen Kräfte in die Regierungsverantwortung. Damit verbunden ist das Kollegialitätsprinzip. Alle sieben Bundesräte befinden gemeinsam und gleichberechtigt über die Vorlagen der Departemente. Unterlegene sind gehalten, sich den Mehrheitsentscheiden zu beugen und sie mitzutragen. Das Konkordanzsystem entwickelte sich als Folge des Initiativ- und Referendumsrechts. Um der Opposition, welche mit den Volksrechten über schnittige Instrumente verfügt, nicht zuviel Blockierungskapazität zu geben, wurden die referendumsfähigen politischen Kräfte schrittweise in die Regierungsverantwortung einbezogen.

Konkordanz bedeutet, dass die in die Regierung eingebundenen Kräfte die gemeinsamen Vorlagen vor dem Volk auch mittragen. Das ist nicht immer der Fall. Ein gewisses Doppelspiel von Regierungs- und Oppositionspartei gleichzeitig hat es immer gegeben. Sollte indessen dieses Doppelspiel zur Regel werden – und in einer Zeit der Verteilkämpfe ist die Versuchung dazu gross! –, verlöre die

Konkordanz ihre Berechtigung. Das wäre bedauerlich in einer Zeit, da angesichts des Gewichts der Probleme Lösungen ohne den Einbezug der tragenden Kräfte kaum mehr zu finden sind. Es ist denn wohl auch kein Zufall, dass viele andere Länder ob der Problemfülle und wegen der zunehmenden politischen Zersplitterung vermehrt konkordanzähnliche Formen der politischen Zusammenarbeit suchen müssen, um überhaupt noch Lösungen durchsetzen zu können. Die Träger unserer Konkordanz stehen also vor einer grossen Verantwortung.

IV.

Ich habe eingangs gesagt, es gelte vor allem, den Wirtschaftsstandort Schweiz konkurrenzfähig zu erhalten. Es ist fast Mode geworden, mit harten Worten über unsere Standortqualität herzuziehen. Ein Ausländer, der die Diskussion in der Schweiz verfolgt, muss den Eindruck bekommen, man könne überall auf der Welt investieren, nur gerade im politisch verkalkten, immobilen Hochlohnland Schweiz nicht. Je mehr ich mich mit dieser Frage beschäftige, für desto irriger halte ich dieses Urteil.

Noch ist unsere Standortqualität überdurchschnittlich gut. Ich halte unseren selbstzweiflerischen helvetischen und professionell gehätschelten Pessimismus für verfehlt. Ein griesgrämiges Land zieht keine Investitionen an. Noch immer zählt die Schweiz auf der Hitliste der globalen Wettbewerbsfähigkeit, zusammen mit den USA, Singapur, Japan, Hongkong und Deutschland, zu den Spitzenreitern.

Wir haben eine leistungsfähige Volkswirtschaft. Viele Unternehmen haben die Rezession zur Steigerung der Fitness genutzt. Wir arbeiten viel, und Fleiss zählt noch als Tugend. In der Sozialpolitik haben wir nicht alle Fehler nachgemacht, die anderswo die wirtschaftlichen Rahmenbedingungen belasten.

Das Pro-Kopf-Einkommen ist hoch, die Verteilung des Wohlstandes nach wie vor relativ ausgeglichen und die soziale und politische Stabilität überdurchschnittlich.

Unser Bildungssystem darf sich sehen lassen, Staats- und Steuerquote sind im Vergleich zu anderen Ländern tief, die Rechtssicherheit ist hoch und die Verwaltungen auf Bundes-, Kantons- und Gemeindeebene sind zuverlässig und leistungsfähig. Alles das sind Trümpfe, die man nicht unterschätzen darf.

Aber es gibt auch Schwachstellen, die ich nicht verschleiern möchte. Unser Vorsprung ist nicht mehr so gross, wie er früher war. Da und dort haben wir nachgelassen, andere haben aufgeholt. Grosse Probleme zeichnen sich ab.

Die Veränderung der Altersschichtung unserer Bevölkerung wird nicht nur der Erwerbsgeneration im wirtschaftlich schwierigsten Moment gewaltige Lasten aufbürden, sondern auch die Risikobereitschaft und Innovationsfähigkeit der Gesellschaft verändern.

Die Grenzen des Hochleistungsstaates werden deutlich sichtbar. Weder kann er infolge Überforderung die Probleme befriedigend lösen, noch wird er finanzierbar bleiben, wenn keine Trendwende erfolgt. Die Quittung werden explodierende Staatsschulden sein, welche die ohnehin überforderten kommenden Generationen vollends überlasten werden. Wir müssen deshalb die Kraft zur Umkehr hier und heute aufbringen.

Dass wir die wirtschaftlichen Rahmenbedingungen verbessern müssen, um langfristig in der Spitzengruppe der Nationen mithalten zu können, wissen wir schon lange.

So ist denn auch in den letzten Jahren in oft geradezu unhelvetischem Tempo mehr geschehen, als uns häufig bewusst ist. Ich denke etwa an die Einführung der Mehrwertsteuer, die Änderungen im

Bereich der Stempelsteuern und der Direkten Bundessteuer (in beiden Bereichen ist Beachtliches verbessert worden!), das Binnenmarktgesetz, das Kartellgesetz, die Einführung der Freizügigkeit im Bereich der beruflichen Vorsorge, das Gesetz über das öffentliche Beschaffungswesen, der erleichterte Zuzug hochqualifizierter ausländischer Arbeitskräfte, die Fachhochschulen oder die ersten Reformschritte in der Landwirtschaftspolitik. Es ist aber klar, dass wir es nicht dabei bewenden lassen dürfen. Der Veränderungsprozess muss energisch weitergeführt werden.

Einiges steht denn auch bevor, etwa die Modifikation der Holdingbesteuerung, das Inkrafttreten des Börsengesetzes, das Strukturanpassungsgesetz, die Deregulierung der Telecom oder der Abschluss der bilateralen Verhandlungen mit der Europäischen Union.

Von besonderer Bedeutung aber ist es, die drei Schlüsselgrössen einer wirksamen Wirtschaftspolitik attraktiv zu erhalten, nämlich die Staats-, Steuer- und Abgabenquoten. Und überlebenswichtig ist es, der rasanten Verschuldung Einhalt zu gebieten.

Lassen Sie mich nun einige Bemerkungen zur Europapolitik, zur Finanzpolitik und zur Steuerpolitik machen.

V.

Viele halten die Europafrage für die derzeit schicksalhafteste Frage des Landes. Die einen halten den Beitritt zur EU für überlebenswichtig, andere halten ebendiesen Beitritt für den Untergang der Schweiz, und wieder andere sind hin- und hergerissen, hoffen teilweise auf gangbare Zwischenlösungen. Sicher ist, dass eine Schweiz, die von Europa isoliert ist, keine Perspektive hat. Geistesgeschichtlich, ethnisch, kulturell und wirtschaftlich sind wir eines der europäischsten Länder überhaupt. Drei Fünftel unserer Exporte gehen in die EU. Es führt nichts um die Tatsache herum, dass wir die Beziehungen zur real existierenden EU neu und enger strukturieren müssen. Engere Beziehungen zu anderen Wirtschaftsräumen können das nicht ersetzen.

Nun ist ebenso klar, dass ein Beitritt zur EU unsere politische Kultur, die ein Identitätsmerkmal unserer Willensnation ist, tiefgreifend verändern könnte. Ängste vor dieser Veränderung dürfen nicht einfach als traditionalistische Abschottungsmentalität abgetan werden.

Die Europadiskussion ist in Wirklichkeit eine Diskussion um politische Werte, und ich wünschte mir, beide Lager würden sich ernsthafter und sorgfältiger mit den Argumenten der andern beschäftigen, denn die Fragen jenseits der rein wirtschaftlichen, verdienten es, in aller Tiefe ausgelotet zu werden.

Je nachdem, ob man den Beitritt zur EU als Ziel an sich oder als mögliches Mittel zum Ziel betrachtet, wird man auch die Integrationsfrage unterschiedlich betrachten. Das Ziel ist nach meiner politischen Überzeugung, den Menschen in unserem Vielvölkerstaat Sicherheit, Wohlstand und Freiraum für die individuelle Entfaltung zu gewährleisten. Das wird ohne eine Vertiefung der Beziehungen zu Europa nicht möglich sein. Es geht letztlich um die Frage, wie wir unsere Interessen am besten wahren können. Der Bundesrat ist der Meinung, der Beitritt zur EU diene langfristig unseren Interessen am besten.

Das Volk hat uns zur Gestaltung unserer Beziehungen zu Europa auf den Weg der bilateralen Verhandlungen verwiesen. Diesen Weg müssen wir nach bestem Wissen und Gewissen gehen, unter bestmöglicher Wahrung unserer Interessen. Dabei müssen wir ein referendumsresistentes Ergebnis haben. Ein Misserfolg vor dem Volk würde uns wohl auf Jahre isolieren. Ich wundere mich deshalb über die zahlreichen Stimmen in der Schweiz, die den Bundesrat fast ultimativ zu mehr Konzessionen drängen wollen. Die Frage, ob sich ob unserer grosszügigen Offerte auch die EU genügend bewege, wird bezeichnenderweise kaum gestellt. Auch das ist wohl eine helvetische Eigenheit. Wir sollten jetzt nachdrücklich anstreben, die bilateralen Verhandlungen in nützlicher Frist zum Erfolg zu führen. Nachher werden wir eine neue Standortbestimmung vornehmen müssen.

Mit dem grossen Passivsaldo der Handelsbilanz mit der EU, mit den 850'000 EU-Bürgern, die in der Schweiz leben und ihr Auskommen finden, und mit den schweizerischen Investitionen in der EU haben wir viel zu bieten. Ich wehre mich gegen den oft verbreiteten Eindruck, wir seien ein armer Schlucker, der in Brüssel um Gnade zu bitten habe. So wichtig unser Verhältnis zur EU ist, so irrig ist die Meinung, ein Beitritt zur EU würde wie mit Zauberhand alle unsere Probleme lösen. Unsere Hausaufgaben müssen wir schon selber machen. Das nimmt uns niemand ab. Und das müssen wir jetzt neben den bilateralen Verhandlungen anpacken.

VI.

Ich komme zur Finanzpolitik. Die rasante Entwicklung der Staatsverschuldung ist ein Alarmsignal. Die Gesamtschulden der öffentlichen Haushalte von Bund, Kantonen und Gemeinden stieg von 1990 bis 1995 von rund 100 auf 180 Mia Franken. Die Schulden des Bundes verdoppelten sich in der gleichen Zeit von 40 auf 80 Mia.

Ich will Sie nicht mit zuviel Zahlen behelligen. Zwei besonders aufschlussreiche will ich indessen erwähnen. Zur Zeit bezahlt der Bund jährlich Schuldzinsen von 3,5 Mia Franken. Wenn sich der Haushalt gemäss den bisher vorliegenden Finanzplanzahlen weiterentwickelt, werden es 1999 trotz gedämpftem Wachstum der staatlichen Ausgaben 4,2 Mia Franken sein. Das kommt schon in die Nähe des gesamten EMD-Budgets.

Die Defizite übersteigen die Investitionen bei weitem. Wir finanzieren Konsumausgaben auf Pump. Das ist vergleichbar dem Familienvater, der nicht nur sein Haus mit einer Hypothek finanziert, sondern mit Kleinkrediten auch seine Ferien, seine Jassrunden und seine Skiausflüge bezahlt.

Oft habe ich den Eindruck, dass Politiker und Volk das Gejammer über die Defizite der öffentlichen Hand nicht mehr sehr ernst nehmen. Seit Jahren wird der Teufel an die Wand gemalt, aber offenbar haben noch zu wenige wirklich etwas gespürt. Das bisherige Sparen löste zwar Klagen, aber noch kaum Schmerzen aus. Die ersten zwei Milliarden Defizit verursachten auf den Denkerstirnen der Politiker noch kummervolle Sorgenfalten, die nächsten vier bis sechs Milliarden wurden weitgehend mit Achselzucken quittiert. Anlass zur Zurückhaltung bei neuen Ausgaben waren sie kaum. Wir haben uns daran gewöhnt, auf Pump und über unseren Verhältnissen zu leben. Bisher hat es funktioniert. Aber es wird auf Dauer so nicht funktionieren!

In der Ökologie kennt man die Kippeffekte. Zuerst passiert lange nichts. Und plötzlich stürzt das ganze System über Nacht in die Instabilität. So ist es auch mit der Verschuldung. Die fatalen Folgen dieser schleichenden Gefahr können eines schönen Tages unvermittelt über uns hereinbrechen. Wenn die Staatsausgaben zur Begleichung der Schuldzinsen einen immer grösser werdenden Anteil des Steuerertrags wegfressen, geht der politische Handlungsspielraum verloren. Für die eigentliche Aufgabenerfüllung bleibt immer weniger, aber politische Ansprüche und die gesetzlichen Verpflichtungen bleiben unverändert. Die Differenz wird durch zusätzliche Verschuldung finanziert. Ein Teufelskreis!

Der gewaltige Kapitalbedarf des Staates beginnt die Zinsen zu treiben. Das Vertrauen in die Bonität des Staates und die Währung geht verloren, was wiederum die Zinsen treibt und den Finanzplatz Schweiz beeinträchtigt. Notprogramme werden unausweichlich, sie aber gefährden die politische und soziale Stabilität. Der Staat wird zum unberechenbaren, sprunghaften Vertragspartner.

Zuletzt bleibt nur noch die Entlastung über die Notenpresse. Die Folge heisst Inflation. Die Preise steigen, die Flucht in die Sachwerte setzt ein, breite Bevölkerungsschichten verarmen. Das zersetzt die Gesellschaft vollends.

Noch ist es nicht soweit. Aber je länger wir mit der Wende zuwarten, desto schmerzhafter werden die zu treffenden Massnahmen sein müssen. Die Zeit zum Handeln ist jetzt gekommen. Wir dürfen unsere Insel des Wohlstandes nicht gefährden. Wir dürfen auch nicht übersehen, dass gesunde Finanzen zur Aufrechterhaltung der Qualität des Werk- und Finanzplatzes unabdingbar sind.

Wenn wir den Weg aus der Verschuldungskrise wirklich gehen wollen, müssen wir zuerst einige Sachverhalte zur Kenntnis nehmen. Es sind dies im wesentlichen die folgenden:

1. Der Staatshaushalt hat eine rechtliche Struktur, welche die Verschuldung begünstigt. Die Ausgaben werden vom Parlament beschlossen, während über die Einnahmen Volk und Stände befinden müssen, weil die Steuersätze in der Verfassung verankert sind. Zu einem grossen Teil sind die Ausgaben rechtlich und faktisch gebunden. Sie können nur schwer an sinkende Einnahmen angepasst werden. Im Bereich der Personalausgaben und der Sozialversicherungen existieren eigentliche Anpassungsmechanismen an die Teuerung oder gar darüber hinaus. Zudem wachsen die Sozialausgaben automatisch mit der Anzahl der Begünstigten.
   Zwischen Ausgaben und Einnahmen besteht also eine institutionalisierte Scherenbewegung.

2. Der Spielraum für Mehreinnahmen ist eng begrenzt. Die bereits erwähnte verhältnismässig günstige Steuer- und Ab-

gabenquote ist einer der wichtigsten noch verbliebenen Vorteile des Wirtschaftsstandortes Schweiz. Es ist für unsere Wirtschaft lebenswichtig, diesen Trumpf nicht zu verlieren. Deshalb können wir die Bundesfinanzen nicht über Steuererhöhungen sanieren. Zwei Ausnahmen sind aber unausweichlich: Zur Finanzierung der AHV und der NEAT brauchen wir Mehreinnahmen.

3. Die demographischen Veränderungen werden bei gleichbleibenden individuellen Ansprüchen an die Sozialwerke zu Kostensteigerungen führen, deren Finanzierung die Leistungskraft unserer Volkswirtschaft dramatisch zu überfordern droht und die Solidarität zwischen den Generationen gefährdet. Wer die Überbringer dieser schlechten Nachricht geisselt, trägt nichts zur dringlichen Lösung dieses Problems bei.

4. Es ist zu hoffen, dass die Wirtschaft wieder zum stabilen Wachstum zurückfindet. Dieses wird aber kaum jemals eine Grössenordnung erreichen, die unsere finanziellen und sozialen Probleme wie von Zauberhand lösen wird. Das zuvor verhaltene Wirtschaftswachstum schwächte sich im letzten Jahr wieder ab. Rückläufige Realeinkommen drückten auf die inländische Nachfrage. Massgebend waren aber auch eine Reihe struktureller Faktoren, beispielsweise die Überkapazitäten in der Bauwirtschaft. Trotz hohem Frankenkurs war der Export der einzige Animator der Konjunktur. Aber er verhinderte eine eigentliche Belebung. Daraus folgten nicht nur Verluste von Marktanteilen der Exportwirtschaft im Ausland. Auch einheimische Lieferanten auf dem Inlandmarkt wurden durch wechselkursbedingte Billigimporte bedrängt. Es ist deshalb nicht erstaunlich, dass die Schweiz zur Zeit ein unterdurchschnittliches Wachstum ausweist. Trotzdem: Wie sind nicht in einer Rezession und schon gar nicht in einer Deflation. Sogar wer einer antizyklischen Finanzpolitik das Wort redet, müsste jetzt für eine ausgeglichene Rechnung plädieren. Wenn eine neue

Rezession einsetzen würde, drohte der rasche Absturz in die finanzpolitische Instabilität. Daraus folgt, dass die Haushaltsanierung dringlich ist, auch wenn diese Sanierung die ohnehin schon schwache Binnennachfrage noch weiter beeinträchtigt.

5. Trotz der drei bisherigen Sanierungsprogramme zeigen alle Finanzpläne nach wie vor Defizite der gleichen inakzeptablen Grössenordnung von 6 bis 8 Mia. Offenbar haben die bisherigen Sanierungsbemühungen wenig bewirkt. Das hat verschiedene Gründe. Einer davon ist der, dass über die Hälfte der Einsparungen durch in der gleichen Zeit beschlossene neue oder aufgestockte Ausgaben aufgefressen worden sind. Finanzpolitik betreibt man eben nicht beim Budget oder bei hektisch improvisierten Sparprogrammen. Finanzpolitik betreibt man bei den laufenden Geschäften.

6. Die bisherige Sparpolitik, die mit vielen kleineren und grösseren Massnahmen, aber ohne eigentliche Einschnitte (ausser bei Zivilschutz und Militär), hier etwas gebremst, dort etwas erstreckt hat, war nicht etwa wirkungslos. Ohne sie stünden wir heute noch wesentlich schlechter da. Aber sie hat das Problem nicht endgültig gelöst. Sie stösst an Grenzen. Es ist, auf gut neudeutsch, ein neuer Approach zu suchen.

VII.

Die Sanierung des Haushalts ist komplex und schwierig. Wo man auch anzupacken versucht, tritt die Koalition der sich gegenseitig helfenden Besitzstandwahrer auf den Plan, die mit vielen guten und oft noch mehr Scheinargumenten beweist, dass man gerade hier und jetzt mit Sparen auf dem Holzweg ist. Man muss deshalb versuchen, einige einfache Massnahmen zu formulieren und diesen zum Durchbruch zu verhelfen. Ich möchte im folgenden zehn solche Massnahmen zur Diskussion stellen!

Zuerst sollten wir aber ein klares zeitliches und betragsmässiges Ziel setzen, das verbindlich festgeschrieben werden muss. Es könnte z.B. lauten, dass das Defizit der Bundesrechnung innerhalb von sechs Jahren unter eine Milliarde gedrückt werden muss.

Nun zu den Massnahmen:

1. Die punktuellen Sparbemühungen im Rahmen des Finanzplans nach der herkömmlichen Methode des Nutzens jeder kleinen Sparmöglichkeit müssen energisch fortgesetzt werden.

2. Die Reformen des Finanzausgleichs-, der Aufgabenerfüllung und des Finanztransfers im Bundesstaat sind unübersichtlich geworden. Das Zusammenspiel von Bund und Kantonen ist aufwendig und nicht überall effizient. Ein grundlegender Umbau der Beziehungen zwischen den beiden Staatsebenen könnte die Abläufe effizienter, übersichtlicher, steuerbarer und kostengünstiger machen. Das vielgerühmte Subsidiaritätsprinzip würde wieder mit Substanz erfüllt, der Föderalismus erwachte zu neuem Leben, die Eigenständigkeit der Kantone würde gestärkt, Kompetenz und Finanzierungsverantwortung würden wieder zur Deckung gelangen, und das alles, ohne dass die staatlichen Leistungen beeinträchtigt würden. Die erzielten Einsparungen müssen korrekt zwischen Bund und Kantonen aufgeteilt werden.
   Diese Revitalisierung unseres föderalistischen Bundesstaates erfordert eine bedeutende politische Willensleistung. Wir sollten sie in Angriff nehmen!

3. Die Verwaltungsreform: Nach dem Beispiel des EMD muss die Bundesverwaltung restrukturiert werden. Aus Sicht des Bundesrates geht es zunächst um eine hinsichtlich Arbeitsbe-

lastung und politischem Gewicht ausgewogenere Verteilung der Aufgaben auf die Departemente und auf die Bundeskanzlei. Aber es geht noch um weit mehr:

- Es muss geprüft werden, welche Aufgabengebiete aufgehoben, privatisiert oder mit Leistungsauftrag verselbständigt werden können.
- In der gesamten Verwaltung sind Doppelspurigkeiten abzubauen und Synergien zu verstärken.
- Durch Optimierung der Verwaltungstätigkeit sind Einsparungen an Personal und finanziellem Aufwand zu erzielen.
- Gleichzeitig muss mit Elementen des New Public Management eine neue Management-Philosophie eingeführt werden.

Eine solche tiefgreifende Restrukturierung eines Vierzigmilliardenkonzerns bedarf vertiefter und professioneller Prozessanalysen. Das ist ohne aussenstehendes Know-how nicht zu schaffen.

4. Überprüfung der Subventionen: Noch im Laufe dieses Jahres wird sich der Bundesrat mit der Überprüfung eines ersten Pakets von Subventionen befassen müssen. Man darf die Ergiebigkeit dieses Prozesses nicht überschätzen. Aber einen Beitrag an die Sanierung muss er leisten.

5. Überprüfung von Normen und Standards im Hochbau und im Nationalstrassenbau: Hier geht es darum, durch neue Managementmethoden und durch die Überarbeitung kostentreibender Vorschriften die am Bau Beteiligten zum Sparen zu motivieren und zu befähigen.

6. Die grossen neuen Bahninfrastrukturinvestitionen sind mit einer Sonderfinanzierung zu realisieren.

7. Um die Sozialwerke vor Überschuldung und damit vor dem Zusammenbruch zu bewahren, ist ein Einnahmenrahmen fest-

zulegen, welcher einerseits vernünftige und angemessene Sozialleistungen ermöglicht, der aber andererseits von der Volkswirtschaft verkraftet werden kann. Die Leistungen der Sozialwerke sind verbindlich so zu gestalten, dass dieser Rahmen nicht überschritten werden kann. Dies ermöglicht eine langfristige Sicherung der Errungenschaften des Sozialstaates. Dabei ist ein nur moderates Wirtschaftswachstum zugrunde zu legen. Wird es besser, ist eine Lockerung politisch rasch realisiert.

8. Wir müssen während der Sanierungsperiode sicherstellen, dass dem Staat nicht ständig neue Aufgaben überbürdet werden, welche die Sanierung unterlaufen. Neue Ausgaben ohne gleichzeitigen Finanzierungsbeschluss dürfen nicht mehr beschlossen werden. Wir müssen uns dazu aufraffen, vermehrt nein zu sagen. Das braucht politischen Mut. Ich hoffe, dass Bundesrat und Parlament diesen Mut aufbringen. Das braucht einen eigentlichen Paradigmenwechsel in der Politik!

Wenn es gelänge, alle diese strukturellen Reformen mit dem nötigen Mut und der nötigen Konsequenz zu realisieren, müsste der Rechnungsausgleich in sechs Jahren möglich sein. Das Resultat wäre auch ein schlankerer und fitterer Staat. Dazu müssen aber Verwaltung und Politiker von der sattsam bekannten Melodie Abschied nehmen, wonach im Allgemeinen nun endlich mutig gehandelt werden müsse, im Speziellen aber doch nicht gerade bei dieser Frage und nicht ausgerechnet in diesem Moment. Das Parlament wird es nicht mehr bei den grossen und populären Betrachtungen zur Notwendigkeit des Rechnungsausgleichs bewenden lassen können, sondern sich den unangenehmen Entscheiden in den konkreten Fragen zuwenden müssen.

9. Nun ist natürlich denkbar, dass die acht Massnahmen nicht nachhaltig genug umgesetzt werden. Deshalb wäre zu prüfen, ob wir uns nicht von Volk und Ständen einen befristeten Ver-

fassungsartikel sollten geben lassen, der den Ausgleich in der gesetzten Frist von 6 Jahren erzwingt. Dieser Artikel müsste dem Bundesrat den Auftrag geben, unter Lösung aller rechtlichen Bindungen den Fehlbetrag im letzten Jahr zu eliminieren. Ich denke an ein zu definierendes Verfahren, das nach Möglichkeit auch das Parlament in die Verantwortung einbezieht.
Ich gehe davon aus, dass ein solcher Artikel eine derart disziplinierende Vorwirkung entfalten würde, dass die ersten acht Massnahmen eine beachtliche Erfolgschance bekämen.

10. Der Absicherung des wieder erreichten Budgetausgleichs könnte eine Schuldenbremse dienen. Sie ist ein Verfassungsmechanismus, welcher verhindert, dass sich die Ausgaben und die Einnahmen gegenläufig entwickeln. Sie eignet sich nicht zum Abbau von Defiziten, aber sie kann deren Entstehung verhindern. Sie könnte deshalb den Sanierungsartikel ablösen, wenn der Rechnungsausgleich erst einmal erreicht ist.

Gewiss: Ein Sanierungsartikel mag auf den ersten Blick rigoros erscheinen. Er ist aber nötig und vor allem: Er ist sehr demokratisch. Nicht der Bundesrat handelt mit Notrecht, sondem Volk und Stände sprechen sich an der Urne dafür aus, dass der Haushalt zwingend im vereinbarten Zeitraum saniert werden muss.

VIII.

Eine grosse Herausforderung bei den Sanierungsbestrebungen stellen die Sozialversicherungen dar. Hier lag das Wachstum der Ausgaben schon in den vergangenen Jahren wesentlich über dem Durchschnitt. Dabei hat der durch die Demographie bedingte rasante Kostenanstieg noch gar nicht richtig begonnen.

Man kann versuchen, das Problem so zu lösen, dass nur noch echt Bedürftige staatlich unterstützt werden und dass der grosse Teil der sozialen Vorsorge der ausschliesslich privaten Verantwortung überbunden wird. Ich halte das, vor allem im Bereich der Altersvorsorge, weder für mach- noch für wünschbar, obwohl Sozialpolitik mit der Giesskanne nicht mehr finanzierbar sein wird. Wir müssen auch hier einen vernünftigen Mittelweg finden.

Die AHV ist wohl unser Sozialwerk schlechthin. Sie hat für unsere nationale Kohäsion und für unsere Auffassung von Solidarität nicht nur faktische, sondern auch symbolische Bedeutung. Sie ist geradezu ein unverzichtbares Element der nationalen Identität geworden. Es wäre töricht, sie zu gefährden. Sie soll auch durchaus einen gewissen Versicherungscharakter behalten, indem es eben gerade keine Einheitsrente gibt. Sonst würde der AHV-Beitrag für höhere Einkommen noch mehr zur reinen Steuer. Über das Verhältnis von Maximal- zu Mindestrente lässt sich natürlich reden.

Mit der AHV allein eine Existenzsicherung im Alter herbeiführen zu wollen, erscheint als eine nicht finanzierbare Massnahme. Deshalb ist die Kombination von AHV und gezielten Ergänzungsleistungen für Bedürftige ein kluges und effizientes System. Die zwar obligatorische, möglicherweise überregulierte, immerhin aber privat organisierte Zusatzvorsorge der zweiten Säule zur Sicherung der gewohnten Lebenshaltung ist eine prinzipiell taugliche Ergänzung zur AHV, vor allem auch, weil sie komplementär finanziert ist. Ich sehe nicht ein, warum dieses bewährte Verbundsystem grundsätzlich aufgebrochen werden soll.

Es stellt sich also nicht die Frage des Systems. Es stellt sich die Frage der volkswirtschaftlich tragbaren Finanzierung der Leistungen und die Frage, wie institutionell verhindert werden kann, dass die Kosten als Folge der Demographie den Einnahmen unkontrolliert davonlaufen. Dabei ist zu bedenken, dass bei der AHV das in der Verfassung vorgesehene Mehrwertsteuerprozent niemals ausreichen wird, um auch nur die heute gesetzlich vorgesehenen Leistungen langfristig zu finanzieren.

Der Lösungsansatz könnte ein anderer sein. Zuerst wäre zu fragen, wieviele Sozialbeiträge Volk und Wirtschaft zu tragen vermögen, ohne den Werkplatz zu gefährden und ohne die Solidarität zwischen den Generationen zu überfordern. Über konkrete Zahlen würde man sich dann mit Parteien und Sozialpartnem unterhalten müssen. Ich will bloss einen Denkanstoss geben. Das mag neben real gleichbleibenden Bundesbeiträgen und neben den schon geltenden Lohnabzügen inklusive dem dritten Prozent für die Arbeitslosenversicherung mittelfristig das für die AHV reservierte Mehrwertsteuerprozent und längerfristig noch ein weiteres Mehrwertsteuerprozent sein. Aber mit diesen Finanzierungsquellen hätten die vier grossen Sozialwerke AHV, IV, Krankenversicherung und Arbeitslosenversicherung verbindlich und rechtlich abgesichert auszukommen, und es stellte sich nur noch die Frage, wie innerhalb der vier Werke die Leistungen verteilt werden. Auch diese Frage wäre politisch auszuhandeln. Die Zusicherung nicht finanzierter Leistungen müsste rechtlich zwingend unterbunden werden. Über allfällige Mehrleistungen könnte das Volk nur noch zusammen mit der Finanzierung befinden. Das wäre keineswegs soziale Demontage. Im Gegenteil: Man würde den Sozialwerken angemessene Mehreinnahmen gestatten. Aber der gefährliche Mechanismus, nach welchem sich die Schere zwischen Ausgaben und Einnahmen unkontrolliert öffnen kann, würde gebrochen. Auf diese Weise könnten die für unser Volk so wichtigen Sozialwerke auf ein langfristig gesichertes Fundament gestellt werden. Ich bitte Sie, mich nicht bei den nur beispielhaft angeführten Zahlen zu behaften. Es geht mir um das Prinzip.

Jede Wirtschafts- und Demographieprognose belegt schlüssig, dass an einen Ausbau der Sozialleistungen zur Zeit nicht zu denken ist. Die Verantwortung gebietet, dieser Tatsache ins Auge zu blicken.

Ich stehe zu unserem Sozialstaat. Er ist ein wichtiges Element unserer politischen Stabilität und damit auch eine wichtige Rahmenbedingung des Wirtschaftsstandortes. Es ist nicht auszudenken, welche Turbulenzen wir beispielsweise hätten, wenn es keine leistungsfähige Arbeitslosenversicherung gäbe. Aber dieser Sozialstaat muss auf zweierlei Rücksicht nehmen, wenn er nicht die Fundamente gefährden soll, auf denen er ruht: Er darf die Volkswirtschaft, die ihn finanziert, nicht überlasten, und er darf den Leistungswillen des Volkes nicht untergraben. Solche Grenzen sind sichtbar geworden. Wir tun gut daran, sie zu beachten!

IX.

Es fällt mir auf, dass unzählige Ideen zur Steuerentlastung in mannigfachen Bereichen an den Finanzminister herangetragen werden. Allen ist gemeinsam, dass man ihnen eine derartige Schubwirkung zuschreibt, dass die zu erwartenden Ausfälle durch Zusatzwachstum weit überkompensiert werden sollen. Im Parlament ist ein eigentlicher Wettlauf von Postulaten, Motionen und Parlamentarischen Initiativen ausgebrochen. Es ist das Risiko entstanden, dass eine Vielzahl von möglicherweise sich sogar widersprechenden Einzelentscheiden gefällt werden, welche kein kohärentes Ganzes bilden.

Eine Generalrevision der Unternehmensbesteuerung ist zur Zeit kaum denkbar. Sie ist auch nicht nötig. Man spricht ja immer nur von den Mängeln unserers Systems. Dass es auch eminente Vorzüge aufweist, etwa bei den grosszügigen Abschreibungsmöglichkeiten, und dass unsere Steuerbehörden vernünftig und keineswegs wirtschaftsfeindlich sind, vermag ich als ehemaliger Unternehmer auch im EG-Raum zu beurteilen. Offensichtlich ist auch, dass Steuergeschenke angesichts des Sanierungsbedarfs nicht möglich sind.

Es ist aber durchaus angezeigt zu überlegen, ob einige gezielte Korrekturen am Steuersystem geeignet wären, die Qualität des Wirtschaftsstandortes Schweiz zu heben. Ich denke an die Bereiche der Holding- und Konzernbesteuerung. Ich habe die Steuerverwaltung beauftragt, einige denkbare Massnahmen vertieft zu prüfen und mittels einer objektiven ökonomischen Analyse die Wirkungen abzuschätzen. Mein Ziel wäre, ein kohärentes Konzept vorzulegen, das die parlamentarischen Einzelbestrebungen auffangen kann. Da signifikante Ausfälle undenkbar sind, wäre eine ertragsneutrale Finanzierung mit einer Proportionalsteuer unter Anrechnung der Kapitalsteuer zu prüfen.

Unser Volk und viele Interessengruppen werden in den nächsten Jahren Opfer bringen müssen, wenn die Politiker ihre Verantwortung ernstnehmen. Wenn man dem Volk Opfer aufbürdet, kann man nicht gleichzeitig einzelnen Interessengruppen Geschenke machen.

Ich weiss natürlich, dass die Progressionskurve der Direkten Bundessteuer unschöne Unebenheiten aufweist, und dass das Verhältnis zwischen den direkten und indirekten Steuern suboptimal ist. Ob aber die höheren Einkommen zu Lasten der alle belastenden Mehrwertsteuer ausgerechnet in einer Zeit entlastet werden sollen, in welcher auch Leuten mit bescheideneren Einkommen Opfer zugemutet werden müssen, ist zumindest fraglich. Man muss in schweren Zeiten auch Opfer so verteilen, dass es als gerecht empfunden wird.

X.

Alles das zu bewältigen ist eine grosse und anspruchsvolle Aufgabe. Sie ist nur zu schaffen, wenn die tragenden politischen Kräfte des Landes den Willen aufbringen, sie gemeinsam anzugehen, Maximalpositionen zu verlassen und tragfähige Kompromisse zu suchen. Auch der Finanzminister allein vermag nichts zu bewirken. Der Bundesrat als Kollegium ist gefordert.

Sie mögen auch bemängeln, mein Referat sei auch gar finanz- und wirtschaftslastig gewesen, und Visionen in anderen Bereichen seien zu kurz gekommen. Der Grund ist einfach: Ohne tragfähige wirtschaftliche Grundlagen sind alle anderen Visionen kaum realisierbar. Ich weiss natürlich, dass ein Volk auch andere Werte als die wirtschaftlichen braucht. Die politischen habe ich erwähnt. Verfassungsreform, 150-Jahrfeier der Bundesverfassung und Landesausstellung werden uns Gelegenheit bieten, uns auch mit den geistigen Grundlagen des Staates zu befassen. Einen starken, soliden, leistungsfähigen, finanziell gesunden, aber begrenzten und demokratisch kontrollierten Staat zu haben, der den Menschen Freiräume zur Entwicklung ihrer kreativen Initiativen belässt, ist im übrigen auch eine Vision, für die einzutreten es sich lohnt.

Begründet von	Prof. Dr. Dr. h.c Friedrich A. Lutz (†)	
Herausgeber:	Bis Band 17:	Prof. Dr. Daniel Frei (†)
	Band 18 bis 22:	Prof. Dr. Willy Linder
	ab Band 23:	Prof. Dr. Dieter Ruloff
Verlag:	ab Band 13:	Rüegger AG • Chur / Zürich

Die Erblast der Sowjetunion
Beiträge von S. Avineri, U. Schmid, R. Chimelli, F. Vranitzky, W. Laqueur, C. Goehrke, H. Bockelmann, L. Rühl
Band 24, 140 S., (1995) ISBN 3 7253 0528 5
Fr. 32.60 / DM 38.20 / ÖS 278.–

Europäische Antagonismen
Beiträge von J. B. de Macedo, E. Busek, H.-A. II. von und zu Liechtenstein, F. Muheim, V. Rittberger, G. Schwarz, Fürst K. von Schwarzenberg, M. Stürmer
Band 23, 197 S., (1994) ISBN 3 7253 0490 4
Fr. 32.60 / DM 38.20 / ÖS 278.–

Föderalismus – Mittel der Konfliktbewältigung
Beiträge von Y. Afanasiyef, M. Bangemann, J.-F. Bergier, H. Bütler, R. Felber, D. Schindler
Band 22, 100 S., (1993) ISBN 3 7253 0473 4
Fr. 28.60 / DM 33.50 / ÖS 243.–

Umweltzerstörung und Ressourcenverschwendung
Beiträge von M. C. de Azambuja, H. Bonus, W. D. Ruckelshaus, St. Schmidheiny, M. Strong, K. Töpfer, E. U. von Weizsäcker
Band 21, 129 S., (1992), ISBN 3 7253 0441 6
Fr. 28.60 / DM 33.50 / ÖS 243.–

Das Flüchtlingsproblem – eine Zeitbombe?
Beiträge von B. Knabe, A. Koller, W. de Lobkowicz, M. Moussalli, H.-J. Hoffmann-Nowotny, Ch. Watrin
Band 20, 120 S., (1991) ISBN 3 7253 0396 7
Fr. 28.60 / DM 33.50 / ÖS 243.–

Glasnost und Perestroika – Der Sozialismus im Wandel
Beiträge von O. Bogomolov, G. Hedkamp, V. Korotich, B. Meissner, A. Oplatka, G. Simon, M. Wörner
Band 19, 130 S., (1990) ISBN 3 7253 0376 2
Fr. 28.60 / DM 33.50 / ÖS 243.–

Europäische Herausforderung
Beiträge von Lord Cockfield, F. Cotti, W. Dekker, F. Heisbourg, C. Nicolin, W. Weidenfeld, J. Widgren
Band 18, 102 S., (1989) ISBN 3 7253 0348 7
Fr 28.60 / DM 33.50 / ÖS 243.–

Neuer Realismus in den Nord-Süd-Beziehungen?
Beiträge von O. M.F. Ballarin, J.-M. Camdessus, B. Fritsch, K. K S. Dadzie, Sir G. Howe, S. S. Husain, Y. Kurosawa, F. R. Staehelin, W. F. Stolper
Band 17, 192 S., (1988) ISBN 3 7253 0324 X
Fr 28.60 / DM 33.50 / ÖS 243.–

Ideen unserer Zeit
Beiträge von R. Barre, W. de Clercq, S. E. Ibrahim, H. Küng, P. Lendvai, N. Lobkowicz, H. Lübbe, E. Noelle-Neumann, N. Podhoretz
Band 16, 188 S., (1987) ISBN 3 7253 0301 0
Fr 28.60 / DM 33.50 / ÖS 243.–

Das Dreieck Europa-Amerika-Asien
Beiträge von K. Furgler, V. Hao Li, B. Hawrylyshyn, J. de Larosière, W. Linder, R. O'Neill, St. Schmidheiny, E. Schurtenberger
Band I5, 154 S., (1986) ISBN 3 7253 0272 3
Fr 28.60 / DM 33.50 / ÖS 243.–

Ost-West-Beziehungen
Beiträge von Sir A. Acland, E. Brunner, H. Bütler, Lord Carrington, F. W. Christians, A. Grosser, F. Karasek, W. Laqueur, H. Rühle
Band 14, 140 S., (1985) ISBN 3 7253 0247 2
Fr 28.60 / DM 33.50 / ÖS 243.–

Wege aus der Weltwirtschaftskrise
Beiträge von P. Borgeaud, W. E. Brock, E. van Lennep, F. Leutwiler, H. Maucher, J. Morse, M. Timar, H. C. Wallich, C.-Ch. von Weizsäcker
Band 13, 140 S., (1984) ISBN 3 7253 0222 7
Fr 28.60 / DM 33.50 / ÖS 243.–

Freie Welt: Bilanz und Ausblick
Beiträge von Peter Bauer, Karl Kaiser, Richard Löwenthal, Karl-Heinz Narjes, Helmut Thielicke, Lars-Erik Thunholm, Ernst Topitsch, Shirley Williams
Band 12, 155 Seiten

Sicherheit durch Gleichgewicht?
Beiträge von Arne O. Brundtland, Georges-André Chevallaz, Yair Evron, Daniel Frei, Johan J. Holst, François de Rose, Max Schmidt, Michel Tatu, Vernon A. Walters, Manfred Wörner
Band 11, 180 Seiten

Konflikte unserer Zeit – Konflikte der Zukunft
Beiträge von Jürgen Domes, Daniel Frei, Theodor Hanf, Bogdan A. Osadczuk-Korab, Vahe Petrossian, Raymond Probst, Lothar Rühl, Michael Voslensky
Band 10, 160 Seiten

Europa – ein Kontinent im Wandel
Beiträge von Rudolf Bindschedler, Karl-Dietrich Bracher, Mohamed T. Diawara, Marion Gräfin Dönhoff, Daniel Frei, Lord Gladwyn, Wilhelm Haferkamp, Henry A. Kissinger, Bruno Kreisky, Fred Luchsinger, Rainer Offergeld, Piero Ottone, Cecil Parkinson, Gaston Thorn
Band 9, 197 Seiten

Machtpolitik in der heutigen Welt
Beiträge von Pierre Aubert, Christoph Bertram, Arnaud de Borchgrave, Dale Bumpers, Karl W. Deutsch, Christian Dominicé, Daniel Frei, Roberto E. Guyer, Martin J. Hillenbrand, Karl Zemanek
Band 8, 167 Seiten

Überforderte Demokratie?
Beiträge von Roberto T. Alemann, Reubin O'D. Askew, Ralf Dahrendorf, Friedrich A. von Nayek, Arnold Hottinger, Wolfgang Leonhard, Marshall Loeb
Band 7, 132 Seiten

Umstrittene Weltwirtschaftsforschung
Beiträge von Gamani Corea, Peter Knirsch, Eugene H. Rotberg, Uwe Nerlich, Otti Matzke, Paul R Jolles
Band 6, 137 Seiten

Die Schweiz in einer sich wandelnden Welt
Beiträge von Karl Zemanek, Michel Garder, Frans A. M. Alting von Geusau, Ulrich Scheuner, Ulf Lantzke, Hugo Bütler, Karl W. Deutsch, Gerhard Schmidtchen, Daniel Frei und anderen
Band 5, 225 Seiten

Recht und Macht in Politik und Wirtschaft
Beiträge von D. Sternberger, A. Brodersen, A. Passerin d'Entrèves, J. Hersch, H. Thielicke, H. Schelsky, E.-J. Mestmäcker, Chr. G. Hanson
Band 4, 152 Seiten

Der Streit um die Gesellschaftsordnung
Beiträge von G. Barraclough, F. A. von Hayek, H. B. Streithofen, K. H. Biedenkopf, J. M. Bochenski, A. Linbeck, Ch. Watrin, T. Bratteli, G. C. Allen
Band 3, 178 Seiten

Das Ringen um die Zukunft Europas
Beiträge von P. H. Spaak, R. Jenkins, J. Freymond, J. M. A. H. Luns, C. Gasteyger, F. M. Malfatti, M. Dobrosielski, J. Fekete, H. Dietrich
Band 2, 207 Seiten

Internationales Währungssystem und Inflation
Beiträge von F. A. Lutz, M. Gilbert, H. G. Johnson, G. Carli, O. Schlecht, O. Pileiderer, H. Irmler, E. Lundberg
Band 1, 207 Seiten

(Band 1 bis 12 sind erschienen im Schulthess Polygraphischer Verlag Zürich)

Hans Georg Graf / Hans Jörg Eidenbenz
Francis-Luc Perret / Pierre-André Jaccard
Kostenrechnung im Verkehrsbereich – Comptabilité de gestion dans le domaine des transports
154 Seiten, Fr. 32.60 / DM 38.20 / ÖS 278.–
(1996) ISBN 3 7253 0554 4

Friedensbericht 1996
Theorie und Praxis ziviler Konfliktbearbeitung
1. Jahrbuch für Konfliktlösung
400 Seiten, Fr. 42.80 / DM 50.20 / ÖS 364.–
(1996) ISBN 3 7253 0552 8

Stephan Vaterlaus
Der relative Wohlstand
Eine integrierte ökonomisch-ökologische Umweltberichterstattung als Ergänzung zur Volkswirtschaftlichen Gesamtrechnung
240 Seiten, Fr. 42.80 / DM 50.20 / ÖS 364.–
(1996) ISBN 3 7253 0550 1

Michael Walter Hebeisen
Staatszweck, Staatsziele, Staatsaufgaben
Leistungen und Grenzen einer juristischen Behandlung von Leitideen der Staatstätigkeit
180 Seiten, Fr. 34.70 / DM 40.70 / ÖS 295.–
(1996) ISBN 3 7253 0448 X

Walter Schöni / Martin Wicki / Karlheinz Sonntag
Arbeit und Bildungsqualität
Studien in der Textil- und Chemieindustrie
448 Seiten, Fr. 55.10 / DM 64.50 / ÖS 468.–
(1996) ISBN 3 7253 0544 7

Franz Jaeger / Stefan Bühler
Marktmiete
Schweizer Wohnungsmieten zwischen Politik und Markt
130 Seiten, Fr. 34.70 / DM 40.70 / ÖS 295.–
(1995) ISBN 3 7253 0538 2

Susanne Kytzia
Die Ökobilanz
als Bestandteil des betrieblichen Informationsmanagements
210 Seiten, Fr. 49.– / DM 57.40 / ÖS 416.–
(1995) ISBN 3 7253 0533 1

Kai-Uwe Schanz
Internationale Unternehmensstrategien
in der neuen WTO-Welthandelsordnung
180 S., Fr. 44.90 / DM 52.60 / ÖS 382.–
(1995) ISBN 3 7253 0532 3

Beat Baumann / Tobias Bauer
Bettina Nyffeler / Stefan Spycher
Gesamtarbeitsverträge (k)eine Männersache
Vorschläge zur gleichstellungsgerechten Gestaltung der Sozialpartnerschaft
360 Seiten, Fr. 49.– / DM 57.40 / ÖS 416.–
(1995) ISBN 3 7253 0535 8

Paul Senn
Der Leistungsauftrag an die Fachhochschulen
Anforderungen und Handlungsbedarf aus ganzheitlich integrierter Sicht – dargestellt an Fachhochschulen für Wirtschaft und Technik
345 Seiten, Fr. 63.20 / DM 74.10 / ÖS 537.–
(1995) ISBN 3 7253 0531 5

Stef. Spycher / Tob. Bauer / Beat Baumann
Die Schweiz und ihre Kinder
Private Kosten und staatliche Unterstützungsleistungen
370 Seiten, Fr. 55.10 / DM 64.50 / ÖS 468.–
(1995) ISBN 3 7253 0530 7

Friedensbericht 1995
Tod durch Bomben
Wider den Mythos vom ethnischen Konflikt – Friedensforscher zur Lage
340 Seiten, Fr. 42.80 / DM 50.20 / ÖS 364.–
(1995) ISBN 3 7253 0527 7

Manfred Linke
Schweizerische Aussenpolitik der Nachkriegszeit
720 Seiten, Fr. 83.60 / DM 98.– / ÖS 711.–
(1995) ISBN 3 7253 0520 X

Doris Aebi
Weiterbildung zwischen Markt und Staat
Zur Wirksamkeit von Steuerungsprinzipien in der schweizerischen Bildungsspirale
290 Seiten, Fr. 49.– / DM 57.40 / ÖS 416.–
(1995) ISBN 3 7253 0517 X

Angel Serna
Märkte für Politiker
Bedeutung, Funktionsweise und Konsequenzen von Selektionsprozessen bei der Kandidatenauswahl
237 Seiten, Fr. 49.– / DM 57.40 / ÖS 416.–
(1995) ISBN 3 7253 0516 1

Andreas Diekmann / Axel Franzen (Hrsg.)
Kooperatives Umwelthandeln Modelle, Erfahrungen, Massnahmen
200 Seiten, Fr. 42.80 / DM 50.20 / ÖS 364.–
(1995) ISBN 3 7253 0514 5

Franz Jaeger
Natur und Wirtschaft
Auf dem Weg zu einer ökologischen Marktwirtschaft
500 Seiten, Fr. 59.20 / DM 69.30 / ÖS 503.–
2. neu bearb. Aufl. (1994) ISBN 3 7253 0513 7

Werner Bussmann
Evaluationen staatlicher Massnahmen erfolgreich begleiten und nutzen
Ein Leitfaden
100 Seiten, Fr. 28.60 / DM 33.50 / ÖS 243.–
(1995) ISBN 3 7253 0505 6

Günther Bächler (Hrsg.)
Beitreten oder Trittbrettfahren?
Die Zukunft der Neutralität in Europa
280 Seiten, Fr. 42.80 / DM 50.20 / ÖS 364.–
(1994) ISBN 3 7253 0504 8

Friedensbericht 1994
Krieg und gewaltfreie Konfliktlösung
Friedensforscher zur Lage
350 S., Fr. 42.80 / DM 50.20 / ÖS 364.–
(1994) ISBN 3 7253 0503 X (Dialog Bd. 26)

Ernst A. Brugger / Martin Maurer
Fördern multinationale Firmen das Ökologie-Know-how in Entwicklungsländern?
120 Seiten, Fr. 32.60 / DM 38.20 / ÖS 278.–
(1994) ISBN 3 7253 0501 3

Thomas Bichsel
Die strategische Führung der öffentlichen Verwaltung
384 Seiten, Fr. 69.40 / DM 81.30 / ÖS 590.–
(1994) ISBN 3 7253 0498 X

Werner Bussmann (Hrsg.)
Lernen in Verwaltungen und Policy-Netzwerken
144 Seiten, Fr. 34.70 / DM 40.70 / ÖS 295.–
(1994) ISBN 3 7253 0497 1

Hans Georg Graf
Alleingang versus EU-Beitritt
Branchenszenarien für die Schweiz
170 Seiten, Fr. 36.70 / DM 43.– / ÖS 312.–
(1994) ISBN 3 7253 0495 5

Flurin von Albertini (Hrsg.)
Schweizer Geldpolitik im Dilemma
Geldmenge oder Wechselkurs?
160 Seiten, Fr. 34.70 / DM 40.70 / ÖS 295.–
(1994) ISBN 3 7253 0491 2

Heinz Hauser / Kai-Uwe Schanz
Die wirtschaftliche Bedeutung der Uruguay-Runde für die Schweiz
Chancen, Kosten, Konsequenzen
290 S., Fr. 46.90 / DM 55.– / ÖS 399.–
(1993) ISBN 3 7253 0487 4

Willy Bierter / Hans-Martin Binder
Unternehmerische Innovationsprozesse
Die Wirksamkeit staatlicher Förderungsmassnahmen – eine Evolution
240 Seiten, Fr. 46.90 / DM 55.– / ÖS 399.–
(1993) ISBN 3 7253 0481 5

Ralf Langejürgen
Die Eidgenossenschaft zwischen Rütli und EWR
Der Versuch einer Neuorientierung der Schweizer Europapolitik
315 Seiten, Fr. 49.– / DM 57.40 / ÖS 416.–
(1993) ISBN 3 7253 0480 7

oikos an der HSG (Hrsg.)
Kooperationen für die Umwelt
Im Dialog zum Handeln
mit Beiträgen von Monika Griefahn, Peter Knoepfel, Arthur Mohr, Ortwin Renn und Ulrich Steger
140 S., Fr. 32.60 / DM 38.20 / ÖS 278.–
(1993) ISBN 3 7253 0478 5

Alain Thierstein / Urs Karl Egger
Integrale Regionalpolitik
Ein prozessorientiertes Konzept für die Schweiz
189 S., Fr. 44.90 / DM 52.60 / ÖS 382.–
(1994) ISBN 3 7253 0477 7

Niklaus Blattner (Editor)
European Integration and the Swiss Financial Centre
280 p., SFr. 42.80 / DM 50.20 / ÖS 364.–
(1993) ISBN 3 7253 0476 9

Matthias Schnewlin
Ein Input-Output-Simulationssystem der schweizerischen Volkswirtschaft
Eine Analyse alternativer Szenarien für die wirtschaftliche Landesversorgung (avec un résumé en français)
140 S., Fr. 42.80 / DM 50.20 / ÖS 364.–
(1993) ISBN 3 7253 0475 0

Friedensbericht 1993
Das neue Chaos der nationalen Egoismen
Friedensforscher zur Lage
252 S., Fr. 42.80 / DM 50.20 / ÖS 364.–
(1993) ISBN 3 7253 0471 8 (Dialog Bd. 24)

Bruno Bircher (Hrsg.)
Die Schweiz und Europa
Herausforderungen und Strategien für die Zentralschweizer Wirtschaft
170 S., Fr. 42.80 / DM 50.20 / ÖS 364.–
(1992) ISBN 3 7253 0464 5

Thomas Steinemann
Währungskooperation und Europäische Währungsunion
130 Seiten, Fr. 34.70 / DM 40.70 / ÖS 295.–
(1992) ISBN 3 7253 0459 9

Günther Bächler (Hrsg.)
Perspektiven
Friedens- und Konfliktforschung in Zeiten des Umbruchs
410 S. (geb.), Fr. 77.50 / DM 90.80 / ÖS 659.–
(1992) ISBN 3 7253 0454 8

Eric Scheidegger
Schweiz – EG 92: Mehr Wettbewerb durch den Binnenmarkt
288 Seiten, Fr. 42.80 / DM 50.20 / ÖS 364.–
(1992) ISBN 3 7253 0450 5

Maarten Helmut Willemsen
Ist die Schweiz ein lebensfähiges System?
Kybernetische Diagnose des schweizerischen Politischen Systems
270 S., Fr. 49.– / DM 57.40 / ÖS 416.–
(1992) ISBN 3 7253 0448 3

Peter Hug / Ruedi Meier
Rüstungskonversion
Die Umwandlung militärabhängiger Arbeitsplätze in zivile Beschäftigung
208 S., Fr. 36.70 / DM 43.– / ÖS 312.–
(1992) ISBN 3 7253 0447 5

Ernst U. von Weizsäcker / Jochen Jesinghaus
Samuel P. Mauch / Rolf Iten
Ökologische Steuerreform
Europäische Ebene und Fallbeispiel Schweiz
235 S., Fr. 55.10 / DM 64.50 / ÖS 468.–
(1992, 2. Aufl. 1995) ISBN 3 7253 0444 0

Günther Bächler (Hrsg.)
Friede und Freiheit – die Schweiz in Europa
260 S., Fr. 46.90 / DM 55.– / ÖS 399.–
(1992) ISBN 3 7253 0442 4

Bettina Müller
Europäische Integration
Effekte und strategische Optionen für kleine und mittlere Industrieunternehmen (KMU) in der Schweiz
456 Seiten, Fr. 69.40 / 81.30 / ÖS 590.–
(1991) ISBN 3 7253 0404 1

Michael Beglinger
Harmonisierungsbestrebungen der EG auf dem Gebiet des technischen Arbeitsschutzes
92 Seiten, Fr. 28.60 / DM 33.50 / ÖS 243.–
(1991) ISBN 3 7253 0388 6

Catherine Schiemann
Neutralität in Krieg und Frieden
394 S., Fr. 59.20 / DM 69.30 / ÖS 503.–
(1991) ISBN 3 7253 0387 8

Thomas Peter
Abschrecken und Überleben im Nuklearzeitalter
394 S., Fr. 49.– / DM 57.40 / ÖS 416.–
(1990) ISBN 3 7253 0373 8

Daniel Frei / Dieter Ruloff
Handbuch der weltpolitischen Analyse
Methoden für Praxis, Beratung und Forschung
500 S., Fr. 79.60 / DM 93.20 / ÖS 676.–
(2. Auflage 1988) ISBN 3 7253 0323 1

«Hauser-Studie»

Heinz Hauser / Sven Bradke
Traitée sur l'EEE, Adhésion à la CE, Course en solitaire
Conséquences économiques pour la Suisse
Expertise à l'adresse du Conseil fédéral
310 pages, Fr. 38.80 / DM 45.40 / ÖS 330.–
(1992) ISBN 3 7253 0443 2

Heinz Hauser / Sven Bradke
EWR-Vertrag, EG-Beitritt, Alleingang
Wirtschaftliche Konsequenzen für die Schweiz
Gutachten zu Handen des Bundesrates
300 Seiten, Fr. 38.80 / DM 45.40 / ÖS 330.–
(2. Aufl. 1992) ISBN 3 7253 0434 3

Gabrielle Antille / Fabrizio Carlevaro / Nicolas Schmitt / Marc Bachetta / Christian Marañon / Tobias Müller
Effets d'équilibre général de l'intégration de la Suisse à l'Europe
80 Seiten, Fr. 28.60 / DM 33.50 / ÖS 243.–
(1991) ISBN 3 7253 0423 8

Walter Ackermann / Guido Artho / Jochen Petin
Auswirkungen der europäischen Integration auf die schweizerische Versicherungswirtschaft
70 Seiten, Fr. 28.60 / DM 33.50 / ÖS 243.–
(1991) ISBN 3 7253 0424 6

Andreas Balthasar / Ueli Müller
Wirtschaftliche Konsequenzen einer europäischen Harmonisierung im Umweltbereich
100 Seiten, Fr. 28.60 / DM 33.50 / ÖS 243.–
(1991) ISBN 3 7253 0425 4

Serge Gaillard / Renate Salzgeber Joachim Schütz
Europäische Integration: Arbeitsmarktliberalisierung und Strukturwandel in der Schweiz
100 Seiten, Fr. 28.60 / DM 33.50 / ÖS 243.–
(1991) ISBN 3 7253 0426 2

Hans Georg Graf / Daniel Mettler
Branchenmässige Simulationsrechnungen für Europaszenarien
135 Seiten, Fr. 38.80 / DM 45.40 / ÖS 330.–
(1991) ISBN 3 7253 0427 0

Franz Jaeger / Peter Kischka
Abschätzung des Transitverkehrsaufkommens in der Schweiz
80 Seiten, Fr. 28.60 / DM 33.50 / ÖS 243.–
(1991) ISBN 3 7253 0428 9

Daniel Mettler / Hans Georg Graf / Jürg Marti
Industrieanalysen, Auswirkungen des EG-Binnenmarktprogramms auf die Schweizer Industrie
240 Seiten, Fr. 49.– / DM 57.40 / ÖS 416.–
(1991) ISBN 3 7253 0430 0

Carlo Knöpfel
Die langfristige Attraktivität des Unternehmensstandortes Schweiz im EWR

Rolf Weder
Schaffung dynamischer Wettbewerbsvorteile: Die Chance eines EWR- oder EG-Beitritts der Schweiz
180 Seiten, Fr. 38.80 / DM 45.40 / ÖS 330.–
(1991) ISBN 3 7253 0429 7

Christoph Muggli / Elsbeth von Navarini-Marti / Hans-Rudolf Schulz
Immobilienmarkt Schweiz ohne Lex Friedrich
95 Seiten, Fr. 28.60 / DM 33.50 / ÖS 243.–
(1991) ISBN 3 7253 0431 9

Heinz Weinhold / Christian Belz Thomas Rudolph
Auswirkungen der Europäisierung auf den Einzelhandel in der Schweiz
210 Seiten, Fr. 49.– / DM 57.40 / ÖS 416.–
(1991) ISBN 3 7253 0432 7

Heinz Zimmermann / Andrea Eberle Adriano Rampini
Europa und die Schweizer Banken
130 Seiten, Fr. 38.80 / DM 45.40 / ÖS 330.–
(1992, 2. Aufl.) ISBN 3 7253 0433 5

Zürcher Beiträge zur politischen Wissenschaft

Sören Z. von Dosenrode
Westeuropäische Kleinstaaten in der EG und EPZ
Bd. 18, 471 S., Fr. 65.30 / DM 76.50 / ÖS 555.–
(1993) ISBN 3 7253 0485 8

Ulrich Klöti / Theo Haldemann
Walter Schenkel
Die Stadt im Bundesstaat – Alleingang oder Zusammenarbeit?
Umweltschutz und öffentlicher Verkehr in den Agglomerationen Lausanne und Zürich
(avec un résumé en français)
Bd. 17, 300 S., Fr. 49.– / DM 57.40 / ÖS 416.–
(1993) ISBN 3 7253 0474 2

Thomas Widmer
Evaluation von Massnahmen zur Luftreinhaltepolitik in der Schweiz
Eine quasi-experimentelle Interventionsanalyse nach dem Ansatz von Box/Tiao
Bd. 16, 210 S., Fr. 38.80 / DM 45.40 / ÖS 330.–
(1991) ISBN 3 7253 0398 3

Daniel Frei
Die Organisation der Vereinten Nationen (UNO)
Bd. 15, 190 S., Fr. 38.80 / DM 45.40 / ÖS 330.–
(1990) ISBN 3 7253 0380 0

Ulrich Klöti / Gerald Schneider
Die Informationsbeschaffung des Gesetzgebers
Bd. 14, 280 S., Fr. 43.90 / DM 51.40 / ÖS 373.–
(1989) ISBN 3 7253 0372 X

Philippe Grossen
Das Bild der UNO in der Schweizer Tagespresse
Bd. 13, 200 S., Fr. 38.80 / DM 45.40 / ÖS 330.–
(1986) ISBN 3 7253 0265 0

Kurt Nüssli
Föderalismus in der Schweiz
Konzepte, Indikatoren, Daten
Bd. 12, 380 S., Fr. 38.80 / DM 45.40 / ÖS 330.–
(1985) ISBN 3 7253 0262 6

Heinz Krummenacher
Internationale Normen und Krisen
Die normative Dimension internationaler Politik
Bd. 11, 246 S., Fr. 38.80 / DM 45.40 / ÖS 330.–
(1985) ISBN 3 7253 0253 7

Hans-Jakob Mosimann
Befangenheit im Konsumentenschutz?
Bundesbehörden im Widerstreit der Interessen
Bd. 10, 310 S., Fr. 38.80 / DM 45.40 / ÖS 330.–
(1985) ISBN 3 7253 0239 1

Beat Moser
Konflikt und Kooperation der Dritten Welt mit Industrieländern
Bd. 9, 364 S., Fr. 49.– / DM 57.40 / ÖS 416.–
(1985) ISBN 3 7253 0236 7

Ulrich Schmid
Wahlkampffinanzierung in den USA und in der Schweiz
Bd. 8, 270 S., Fr. 38.80 / DM 45.40 / ÖS 330.–
(1985) ISBN 3 7253 0235 9

Beat Moser
Ethnischer Konflikt und Grenzkriege
Ursachen innen- und aussenpolitischer Konflikte in Afrika
Bd. 7, 376 S., Fr. 38.80 / DM 45.40 / ÖS 330.–
(1983) ISBN 3 7253 0198 0